E

Wolfgang Mertens

La psicoanalisi

Storia e metodi

Traduzione di Giovanna Cestone

Einaudi

Titolo originale *Psychoanalyse. Geschichte und Methoden*

www.einaudi.it

ISBN 88-06-15492-3

Indice

La psicoanalisi

1. Dagli inizi al presente

La nascita della psicoanalisi si fa risalire al 1895, anno in cui Sigmund Freud elaborò il *Progetto di una psicologia* e pubblicò in collaborazione con Josef Breuer gli *Studi sull'isteria*. Tuttavia, nella coscienza comune è il 1900, anno in cui apparve *L'interpretazione dei sogni*, a segnare la vera data di inizio della vastissima opera di Freud: un'opera che spazia dalla psicologia della vita quotidiana alla psicologia dell'età evolutiva, dalla psicologia clinica alla psicologia della personalità, dalla metodologia e dalla teoria della civiltà fino alla critica delle istituzioni, e che continua ancora oggi a interessare innumerevoli studiosi in diverse parti del mondo. Le concezioni sviluppate da Freud sono confluite in un gran numero di indirizzi terapeutici, non solo di carattere psicoanalitico; la loro applicazione in campo pedagogico, ad esempio, ha influenzato profondamente il modo di educare i bambini in famiglia e a scuola. In forma banale la psicoanalisi affiora in molte metafore e modi di dire, il che d'altronde non sempre significa che coloro che si servono delle sue teorie siano divenuti per questo piú saggi o piú contenti. La psicoanalisi si è impressa in profondità nella vita intellettuale del XX secolo in gran parte del mondo occidentale. Il suo influsso sulle scienze umane e sociali e sulla civiltà contemporanea è enorme. Il filosofo Richard Rorty ha paragonato la risonanza delle teorie di Freud a quella di Platone e di Cristo: l'unica differenza è che, per quanto riguarda Freud, non è dovuto trascorrere nemmeno *un* secolo perché le sue idee divenissero note in tutto il mondo.

Il Novecento è stato definito da alcuni, in maniera forse un po' troppo enfatica, il secolo della psicoanalisi. Il patrimonio di idee freudiano è stato fecondo per molti artisti e scrittori. Nel 1936, ben centonovantasette scrittori e artisti eminenti, tra i quali Pablo Picasso, inviarono i propri auguri a Sigmund Freud per i suoi ottant'anni. Freud, tuttavia, a prescindere da un breve lavoro terapeutico con il compositore Gustav Mahler, strinse rapporti piú intensi soltanto con tre scrittori: Arthur Schnitzler, Thomas Mann e Stefan Zweig. L'«archeologo dell'anima» amava i propri oggetti d'arte antica, mentre era scarsamente interessato alle creazioni di un Oskar Kokoschka o di un Egon Schiele, che pure a lui si ispirava. Teatro, concerti e opera non rappresentavano praticamente nulla per lui. I suoi modelli letterari erano esclusivamente i classici; se si considera il passato dell'Occidente, le forme d'arte del primo trentennio del XX secolo suscitarono in lui ben poco entusiasmo. L'uomo che ha esercitato un influsso immenso sullo sviluppo culturale e intellettuale degli ambienti colti delle nazioni industrializzate, e che ha contribuito in maniera determinante a chiudere l'epoca della modernità e la sua specifica repressione delle pulsioni e delle emozioni, era immerso anche troppo profondamente nella propria opera per partecipare al modo in cui, tutt'intorno, le sue idee venivano convertite in produzioni culturali di rilevanza decisiva per la nostra epoca – una particolarità che condivise con Ludwig Wittgenstein, altro famoso viennese suo contemporaneo.

Il lavoro analitico, la scrittura, la discussione intellettuale e la sua vita familiare costituirono il fulcro della sua esistenza; tra lo studio professionale e le mura domestiche Freud trascorse ben quarantasette anni – dalla tarda estate del 1891 fino alla partenza per l'esilio londinese nel 1938 –, sempre nello stesso appartamento, nella Berggasse. Solo i viaggi, che tanto apprezzava, come a Roma e ad Atene, in Toscana e in Sicilia, interruppero di quando in quando la regolarità e i limiti di un'esistenza estremamente sobria. Probabilmente, l'interiorizzazione della morale borghese fu il presupposto che gli permise di scoprire con tanta passione e precisione, fin nei sintomi piú nascosti, le repressioni culturali di chi si ammalava a causa delle proprie rimozioni. Probabilmente le comodità quasi *biedermeier* dell'ambiente familiare erano necessarie perché potesse occuparsi con animo imperturbabile non solo del disagio della civiltà, ma anche del secolo dell'orrore, delle guerre e dello sterminio di massa realizzato su scala industriale, i cui prodromi Freud ebbe a sperimentare sulla propria pelle.

Se alcuni critici ritengono ora che la potenza del pensiero psicoanalitico si sia esaurita, e che comunque non sia mai stata provata a livello scientifico, se credono che abbia perso del tutto la sua forza rivoluzionaria, assorbita da svariate scienze e incorporata nel pensiero comune, altri – e la loro opinione è da me condivisa – pensano che il patrimonio di idee della psicoanalisi sia appena arrivato a una fase preparadigmatica. Soltanto ora, a un secolo dalla sua nascita – un intervallo di tempo assai breve per una disciplina scientifica di cosí vasta portata –, essa si accinge a raggiungere lo statuto di paradigma e a divenire di conseguenza, a dirla col teorico della scienza Thomas Kuhn, una scienza normale. Le conoscenze cliniche cominciano lentamente a consolidarsi, la pratica terapeutica acquista sempre maggiore consapevolezza dei procedimenti e dei fattori attivi che le sono sottesi e, rispetto ai suoi metodi e al suo ruolo all'interno delle classificazioni scientifiche tradizionali, nasce a poco a poco il consenso sulla sua collocazione tra le scienze naturali e le scienze morali o umane, dato che la psicoanalisi annulla dialetticamente la scissione dell'uomo tra un'essenza naturale e un'essenza sociale. Nella sua dimensione di teoria della società – che Freud considerò molto piú importante della sua applicazione in campo clinico-terapeutico – si è appena cominciato a impiegare la psicoanalisi come strumento di ricerca, ad esempio per le analisi di psicologia sociale e di ermeneutica culturale o nelle ricerche di psicologia scientifica. Ora, sulla base di quali esperienze biografiche – oltre all'impronta intellettuale e a quella scientifica date dal suo tempo e dalla sua formazione – un ricercatore arriva a sviluppare una determinata teoria servendosi di un determinato metodo? Già all'inizio del Novecento Freud aveva elaborato con la sua interpretazione dei sogni una metodologia del tutto innovativa nel fare scienza: partendo dal rapporto, di fatto imprescindibile, tra l'oggetto della conoscenza e le strutture soggettive del ricercatore, egli finí con l'infrangere in maniera inequivocabile l'ideale dominante, cartesiano e positivistico, dell'oggettività, secondo il quale la conoscenza scientifica può essere garantita solo se si opera una rigorosa separazione tra il soggetto e l'oggetto della conoscenza. Probabilmente fu proprio e soprattutto la rottura con l'atteggiamento comune nei confronti della conoscenza a procurargli l'opposizione e l'ostilità del mondo scientifico.

Data la risonanza della psicoanalisi, si potrebbe supporre che il pensiero e la percezione psicoanalitici siano ormai divenuti un modo di vedere comunemente accettato. Tuttavia, se l'argomentare psicoanalitico, o – per dirla con piú esattezza – quel che molte persone considerano tale, si è a tratti trasformato in una psicologia divulgativa o è degenerato nei talk show in un autodenudamento narcisistico, l'impiego stesso della psicoanalisi è divenuto ideologico. Una simile forma di banalizzazione serve infatti, innanzi tutto, a difendersi da quel che costituisce una reale chiarificazione relativa alla vita personale oppure all'alienazione da sé che la società determina.

Era inevitabile che una teoria e un metodo cosí decisivi, che hanno improntato tutto un secolo, suscitassero l'opposizione di un gran numero di studiosi: a cominciare dallo psichiatra Oswalt Bumke, che rimproverò alla psicoanalisi il suo pansessualismo, o dal professore di psicologia Felix Krueger, che nella prima metà del secolo l'accusò di disgregare la morale, fino al teorico della scienza Karl Popper, che negli anni Sessanta la accusò di autoimmunizzarsi contro le critiche; e ancora, dal premio Nobel per la medicina Peter Medawar, che la definí una truffa, o dall'instancabile positivista di vecchio stampo Hans-Jürgen Eysenck, che polemicamente la bollò come superstizione del secolo, fino al giornalista Dieter E. Zimmer, che negli anni Ottanta la denunciò quale imbroglio del profondo. La psicoanalisi freudiana, insomma, fu ed è tuttora avversata, per lo piú in maniera non oggettiva e quasi sempre con veemenza. Innanzi tutto, il fatto che, a cento anni dalla nascita, una disciplina scientifica continui a esistere nonostante il gran numero di divisioni interne, come quelle provocate da Alfred Adler, Carl Gustav Jung o Karen Horney, e nonostante le sue ulteriori evoluzioni nelle diverse scuole di pensiero, sembra indurre i suoi detrattori a sferrare sempre nuovi attacchi. Mentre molte altre teorie si sono estinte alla morte dei loro fondatori, e quindi sono menzionate solo nelle descrizioni storiche, la psicoanalisi, oggi come ieri, gode di ottima salute.

Negli anni Quaranta, Cinquanta e Sessanta, in seguito all'emigrazione di un gran numero di psicoanalisti a causa dell'avvento del nazismo, gli Stati Uniti divennero il centro della ricerca psicoanalitica; ancora oggi molte pubblicazioni autorevoli prima appaiono negli Stati Uniti e poi diventano accessibili a un piú vasto pubblico tedesco, generalmente in traduzione. Nell'area sudamericana la psicoanalisi, soprattutto la corrente kleiniana, ha avuto una grande diffusione. Sebbene attualmente la psicoanalisi nordamericana si trovi sulla difensiva dinanzi al nuovo vigore di un approccio biologico e psicofarmacologico della terapia e della teoria, e a uno spirito del tempo che esige sollecita operatività, la teoria e la pratica psicoanalitica hanno registrato comunque un'ulteriore e incessante evoluzione. Molti hanno dichiarato la sua morte o le hanno riservato solamente qualche citazione nei libri di storia; molti l'hanno accusata di aver raggiunto una relativa omogeneità di sviluppo solo perché i suoi seguaci sono guidati come novizi di un convento e istruiti in base a dogmi fondamentalistici; contro di lei si è sostenuto polemicamente che la sua dottrina è ermetica solo perché gli adepti freudiani non vogliono prendere atto delle conquiste delle scienze moderne, soprattutto di quelle della psicologia sperimentale, della psicologia cognitiva, della neuroscienza, della biologia o dell'epidemiologia; e tuttavia, nessuno dei suoi critici è stato mai sfiorato dal pensiero che qualcosa, nella psicoanalisi, possa anche essere giusto, e che possieda una forza di spiegazione ben piú ampia e soddisfacente di quella di altre teorie psicologiche della coscienza che oggi – sia detto per inciso – riempiono innumerevoli enciclopedie e interi scaffali, benché non offrano molte possibilità di applicazione pratica alla vita reale.

I critici, inoltre, non si sono mai resi conto che, fino ad oggi, un gran numero di eminenti scienziati in diversi paesi del mondo si è occupato del patrimonio di idee della psicoanalisi: non solo medici e psicologi, ma anche storici, filosofi, teologi, sociologi, pedagogisti, pediatri, criminologi, biologi, etnologi, linguisti e studiosi di antropologia culturale, e persino fisici. In tutto il mondo esistono all'incirca settanta-ottanta importanti riviste specializzate, e ogni anno vengono pubblicate centinaia di libri di contenuto psicoanalitico. In Germania la psicoanalisi, da circa trent'anni ormai, è ancorata al sistema delle casse mutue pubbliche e private quale forma terapeutica per malati di tipo psichico o psicosomatico, ed è considerata la formazione piú qualificata per svolgere l'attività di psicoterapeuta, soprattutto grazie all'approfondita esperienza personale che garantisce.

D'altro canto, anche dalle sue stesse file si sono levate – e si levano tuttora – molte critiche alla psicoanalisi: di essere vittima della medicalizzazione, secondo il noto rimprovero di Paul Parin; di occuparsi troppo della dimensione terapeutica e troppo poco della dimensione sociologica. La psicoanalisi è di noi tutti, e non di un'istituzione impegnata a fare di se stessa l'unico e legittimo amministratore del suo patrimonio, sostiene Johannes Cremerius, che si oppone con veemenza all'istituzionalizzazione della disciplina. La psicoanalisi – è questo il tono delle critiche di molti dei suoi cultori – ha avuto scarso interesse a collaborare a livello interdisciplinare con la biologia, la sociologia, la neurologia e la psicologia cognitiva, e perciò da tempo segna il passo, non riuscendo a produrre un pensiero innovativo. Secondo la diagnosi di Hans Kilian, che sviluppa le sue argomentazioni nel solco della tradizione della psicologia psicoanalitica del Sé, il *mainstream* degli psicoanalisti ha rispecchiato troppo poco i processi di trasformazione psico-storici del Novecento. Non c'è dunque nessun motivo di esultare se gli psicoanalisti hanno alle spalle ormai un secolo di psicoanalisi; lo scetticismo è forse piú adatto, e tra l'altro non è l'atteggiamento scientifico peggiore.

Probabilmente la psicoanalisi attraversa oggi una fase di consolidamento, che richiede, innanzi tutto, la capacità di mettere da parte le false idealizzazioni. La sua metodica critica nei confronti della civiltà non è certo adatta a fornire una diagnosi profonda o addirittura una ricetta per ogni malessere della società, e allo stesso modo la sua terapeutica non è in grado di garantire su due piedi la felicità. I misteri dell'essere umano sono comunque un baluardo contro ogni forma di conoscenza scientifica che abbia ambizioni eccessive. D'altronde, se si riflette con obiettività, non c'è alcun motivo per una sua svalutazione, che spesso non è che l'altra faccia dell'idealizzazione. Anche se oggi sembra che molti amino rovesciare i freudiani dal loro piedistallo – *Freud bashing*, si dice negli Stati Uniti –, anche se la psicoanalisi come metodo terapeutico pare non conformarsi all'attuale spirito del tempo, alla sua sete di esperienze e al suo consumismo convulso, anche se riviste e periodici di psicologia divulgativa si superano a vicenda nel raccontare scene terrificanti che avrebbero avuto come sfondo lo studio dell'analista, è certo che lo zelo eccessivo di determinati giornalisti non basta ad annullare i meriti della teoria e della pratica psicoanalitica.

Nel 1998 la Library of Congress di Washington, col sostegno dell'Archivio Sigmund Freud di New York e del Museo Freud di Hampstead, a Londra, ha organizzato una mostra per documentare l'influenza di Freud e del pensiero psicoanalitico nel Novecento, cercando di spiegare per quali motivi, e in che modo, l'eredità freudiana continui a essere sempre fortemente osteggiata dai suoi avversari. Oliver Sacks, il celebre neurologo e scrittore, che è stato invitato a scrivere un saggio per il catalogo della mostra, ha dichiarato che considera questo compito una gioia e insieme una responsabilità, perché, scrive Sacks, «sono del parere che Freud [...] sia stato uno dei padri della cultura e del pensiero di questo secolo».

Anche se la fama di Freud lentamente si attenua, il movimento psicoanalitico continua a evolversi di giorno in giorno, e il fascino che emana dal suo stile di pensiero è ancora in grado di entusiasmare, a decenni dalla morte del suo fondatore, gli uomini di tutto il mondo. Quando in Unione Sovietica, alla fine degli anni Ottanta, si ravvisarono i primi segnali della *glasnost* e per la prima volta – dopo cinquant'anni – i saggi di Freud furono pubblicati ufficialmente, nel giro di sei mesi ne fu venduto oltre un milione di copie. Oggi in Russia la psicoanalisi è considerata una via estremamente avvincente alla ricerca di un significato della vita, una via non prescritta dal partito o dallo Stato. Sulla base delle proprie peculiarità nazionali, ogni paese ha recepito in maniera diversa le idee fondamentali di Freud e dei suoi discepoli – in Francia, ad esempio, la psicoanalisi fu considerata un'abborracciatura austriaco-tedesca o un'importazione americana fino a quando Lacan, agli inizi degli anni Sessanta, non riuscí ad appassionare gli intellettuali a questa disciplina – e tuttavia si è sviluppato in tutto il mondo uno scambio di idee che, dinanzi alla molteplicità delle differenti evoluzioni teoriche, si rende sempre piú indispensabile.

II. Orientamenti della psicoanalisi

Nonostante i numerosi appelli alla coesione, nonostante le numerose accuse rivolte ai freudiani di aver eretto uno steccato intorno al proprio maestro corazzandosi contro ogni critica invece di sviluppare una ricerca scientifica, *la* psicoanalisi ormai da tempo non esiste piú. Ciò che attualmente viene denominato psicoanalisi è la coesistenza a volte pacifica, a volte bellicosa, di differenti teorie e scuole di pensiero, come la psicologia dell'Io, le teorie delle relazioni oggettuali, la psicologia del Sé, la psicologia interpersonale, quella lacaniana, quella femminista, la corrente kleininana, la post-psicologia dell'Io, la psicoanalisi orientata verso la ricerca sulla prima infanzia o quella nota come sociologia critica o anche come ermeneutica del profondo, legata in particolare al nome di Alfred Lorenzer. Ognuna di queste correnti si distingue per determinate convinzioni che riguardano la concezione della natura umana, l'immagine implicita o esplicita della società, l'influenza della socializzazione, il rapporto tra i processi e i contenuti psichici consci e quelli inconsci, e un gran numero di modalità tecniche di trattamento; e tuttavia tali concetti, in parte molto diversi l'uno dall'altro, possono essere considerati psicoanalitici e non behavioristi, cognitivisti, teorico-sistemici o rogersiani. La psicoanalisi parla attualmente un gran numero di lingue.

Quando Freud era ancora in vita, la psicoanalisi si oppose a tutte le forze che intendevano operare un cambiamento radicale dei fondamenti del suo edificio concettuale; una spessa muraglia circondò la sua teoria, e chi intendeva penetrare all'interno di tale fortezza doveva utilizzare la parola di accesso stabilita da Freud: può definirsi psicoanalista solo chi crede nella potenza della sessualità psichica, nell'inconscio, nel transfert e nel complesso edipico. Gli apostati che, come Carl Gustav Jung, si rifiutarono di ricondurre l'insieme dei problemi psichici alla pulsione sessuale, o che, come Alfred Adler, ribadirono altre priorità e ravvisarono nella volontà di potenza la principale pulsione istintuale dell'uomo, furono tutti espulsi dalla comunità psicoanalitica.

Tuttavia, già prima della morte di Freud iniziarono violente dispute all'interno delle sue file. Melanie Klein e Anna Freud si scontrarono duramente a Londra. Sandor Ferenczi sottolineò, rispetto al suo maestro Freud, gli effetti traumatizzanti di alcuni metodi educativi messi in pratica dai genitori. Imre Hermann postulò il primato di una pulsione di attaccamento per quanto riguarda la sessualità psichica. Al giorno d'oggi si è invece abituati al fatto che non esista piú *la* psicoanalisi. Esiste, piuttosto, un pluralismo di teorie psicoanalitiche, una fase creativa di evoluzione teoretica, che reca l'impronta della personalità di ciascun ricercatore, ma anche di determinate peculiarità nazionali e culturali. Contemporaneamente, intorno alla fine del secolo, si è sviluppata l'esigenza di determinare il *common ground*, di definire cioè in maniera differenziata gli elementi comuni e quelli che distinguono le rispettive scuole. Ed è senz'altro notevole il fatto che non tutto ciò che Freud ha pensato e scritto settanta, ottanta, novanta e piú anni fa, sia del tutto superato. Ovviamente, determinate ipotesi sono da considerare obsolete al giorno d'oggi, ma alcuni modelli di Freud racchiudono concezioni e problematiche sorprendentemente attuali, che i ricercatori contemporanei non avrebbero potuto elaborare e indagare in modo migliore. Freud ha formulato un gran numero di interrogativi giusti e alcuni di essi attendono ancora una risposta corretta.

La psicoanalisi si è sviluppata da tempo in varie scuole di pensiero che si discostano in diversa misura da alcuni degli assunti fondamentali di Freud, ma continuando comunque tutte a partire dal pensiero di Freud e condividendone alcune convinzioni fondamentali. Ora, che cosa giustifica il fatto che tali scuole, nel complesso assai differenti l'una dall'altra, vengano ancora definite psicoanalitiche? Esse sono tutte piú o meno accomunate dalla convinzione che esista un inconscio dinamico, il quale esercita un'influenza effettiva sulla nostra esperienza vissuta e sul nostro comportamento. I vari teorici, inoltre, concordano sul fatto che i primi anni di vita, soprattutto le esperienze con i genitori, i fratelli e le altre persone di riferimento, sono importantissimi per lo sviluppo successivo, e che i bambini attraversano fasi o stadi diversi acquisendo perciò una struttura psichica sempre piú complessa. Infine, i diversi teorici condividono la convinzione che, partendo dallo studio dei sogni, degli atti mancati, dei fenomeni di transfert e di altre manifestazioni psichiche normali e patologiche, si possa accedere alla dinamica inconscia di un uomo.

La disparità di concetti e di approcci teorici della psicoanalisi rende obsoleta una loro trattazione scientifica fuori dal contesto teorico globale da cui hanno avuto origine; allo stesso modo, non si può che considerare non scientifica ogni singola teoria psicoanalitica che dichiari di sostenere tutto il peso della conferma della psicoanalisi. «A quale scuola di pensiero si riferisce, quando parla del concetto X o della teoria Y?»: è questa, oggi, la formulazione adeguata, se un esperto arriva a constatare, per esempio, che una determinata interpretazione psicoanalitica dello sviluppo non è piú attuale.

Teoria delle pulsioni e teoria strutturale.

La corrente sviluppata da Freud (1865-1939) viene definita teoria delle pulsioni e teoria strutturale. Caratteristica di tale teoria è la presupposizione delle pulsioni istintuali – la libido e la pulsione di morte –, che costituisce l'ultimo dualismo pulsionale formulato da Freud, oppure l'assunto della libido e dell'aggressività – nella versione elaborata da Heinz Hartmann –, pulsioni che possono essere considerate il motore di ogni azione. Già il bambino deve imparare a rinunziare alla realizzazione di tali impulsi sessuali e aggressivi, che non concordano con le idee morali dei genitori. Ma spesso tale rinunzia fallisce, e la paura della punizione conduce a una rimozione. In maniera occulta, tuttavia, le pulsioni istintuali rimosse continuano a proliferare, dando luogo a formazioni fantasmatiche nelle quali la pulsione istintuale originaria è velata piú o meno efficacemente. Le richieste e i divieti dei genitori vengono interiorizzati dal bambino gradualmente, nel corso della crescita: il Super-io e l'ideale dell'Io si costituiscono come strutture psichiche e regolano le pulsioni istintuali. Le fantasie inconsce sono sempre potenti, sia pure in misura diversa; esse influenzano in gran parte le percezioni e le azioni. Se il carattere imperativo della realtà esterna è abbastanza forte, possono irrompere desideri pulsionali rimossi, che insieme danno origine a un sintomo. Questo rappresenta dunque una formazione di compromesso tra il desiderio pulsionale rimosso e il divieto del Super-io.

Secondo l'antropologia freudiana, l'uomo ha una natura profondamente conflittuale. In innumerevoli situazioni della vita quotidiana il desiderio pulsionale infantile si scontra con l'educazione impartita dai genitori. La natura umana e la società, sotto forma di educatori quali i genitori e di altri agenti e norme di socializzazione, sono contrapposti in maniera relativamente inconciliabile; la socializzazione e l'opera della civiltà hanno il compito di rendere civile l'uomo, che viene al mondo come creatura «polimorfa perversa», smaniosa di possedere, aggressiva e tesa a imporre violentemente i propri desideri. Ma Freud non sostenne affatto solo la repressione e la sublimazione delle passioni infantili: la sua critica nei confronti della civiltà era indirizzata a quelle istituzioni (la chiesa e l'esercito, per esempio) che esigono dall'uomo un eccesso di repressione e di rimozione. Se si vuol ridurre sensibilmente la miseria psichica, queste istituzioni devono diventare meno ostili verso le pulsioni. E anche in tal caso resta materiale conflittuale sufficiente a determinare evoluzioni sbagliate di tipo nevrotico.

Nonostante condividesse in parte l'idea del progresso, Freud si mostrò scettico nei confronti di qualunque ideologia di salvezza che dall'abolizione delle diseguaglianze sociali si aspetti il paradiso in terra, libero da conflitti. Dal punto di vista di una psicoanalisi critica delle ideologie, i cui fondamenti sono stati posti dallo stesso Freud, egli si arrestò indubbiamente a metà strada nella sua analisi dell'autoreificazione umana: non riuscí ad analizzare gli occultamenti e le razionalizzazioni dei rapporti di potere, che si spacciano per ineluttabili, cón lo stesso acume critico che aveva caratterizzato la sua analisi dei rapporti psicologici individuali.

Psicologia dell'Io.

La psicologia dell'Io si sviluppò a partire dalla tarda opera di Freud, fu influenzata profondamente dalle idee di Anna Freud (1895-1982), che la fondò nel 1936 con l'opera *L'Io e i meccanismi di difesa,* e fu consolidata negli anni Quaranta e Cinquanta da importanti teorici come Heinz Hartmann e David Rapaport negli Stati Uniti. A differenza della teoria delle pulsioni, che si occupa in primo luogo del destino delle pulsioni istintuali e dei desideri e derivati che da essi si originano, la scuola della psicologia dell'Io mise l'accento sull'adeguato sviluppo delle diverse funzioni dell'Io. Nel linguaggio attuale esse costituiscono le competenze prevalentemente cognitive, come percezione della realtà, memoria, capacità di deduzione, capacità di formulare giudizi, adattamento e difesa, tutte competenze che, dal punto di vista psicoanalitico, sono deputate a far sí che le pulsioni istintuali e i desideri inconsci non abbiano uno sfogo immediato e trovino un modo di realizzarsi adeguato e conforme alle condizioni sociali.

Accanto a questa maggiore considerazione per le problematiche inerenti al pensiero, alla percezione e alla psicologia dell'età evolutiva, gli psicologi dell'Io si sforzarono di collegare la concezione biologica dell'uomo alla comprensione dei processi sociali, studiando il modo in cui l'individuo si affida alla civiltà, soprattutto nel corso della socializzazione primaria, nonché nel corso di quella secondaria. In che modo le pulsioni istintuali, originariamente tese al soddisfacimento del piacere e ben poco propense al suo differimento, diventano conformi alle specifiche condizioni ed esigenze di una società? Gli psicologi dell'Io condividevano con Freud la convinzione che, per il funzionamento ottimale della società, fosse necessario mitigare e sublimare le originarie pulsioni istintuali arcaiche. Tuttavia essi considerarono l'Io non come un cavaliere inerme su un cavallo che galoppa imbizzarrito, che si limita a reagire ai conflitti tra le pulsioni istintuali e la realtà, imprigionato nella cieca coazione a ripetere provocata dai traumi infantili, ma come un'istanza autonoma, dotata di una dinamica e di un'attività molto piú vaste. Gli esseri umani influenzano il proprio ambiente, producono in maniera attiva determinate situazioni che possono condurre, in caso favorevole, a un superamento dei conflitti originari. L'accentuazione di questo aspetto adattivo e formativo nei confronti dell'ambiente e della società condusse anche a un'altra concezione: la modalità secondo cui si entra in contatto con l'ambiente può emanciparsi dai conflitti infantili originari, può arrivare a essere per cosí dire autonoma e modellare la personalità, diventando stile di pensiero e di percezione.

Howard Gardner, Philip Holzman, George S. Klein, Donald Spence, Theodore Shapiro svilupparono negli anni Cinquanta e Sessanta alcune sintesi fruttuose tra la psicoanalisi e la psicologia della percezione e della personalità. Ma la definizione della società restò generalmente astratta – come già nella psicologia tradizionale e persino nel poliedrico Erik H. Erikson – e ci si limitò a tematizzarla approssimativamente come «ambiente medio prevedibile». Questo elemento teorico procurò alla psicologia dell'Io l'accusa di voler difendere un acritico adattamento alle condizioni sociali esistenti e di non avere piú intenzioni e progetti rivoluzionari nei confronti della società. Tipico di questa tendenza, secondo i suoi critici, fu anche il fatto che gli psicologi dell'Io, postulando all'inizio della vita una «sfera dell'Io libera da conflitti», tentassero di avvalorare l'idea che non tutte le prestazioni psichiche debbano rappresentare una formazione di compromesso tra esperienze pulsionali, e dunque anche conflittuali, e valutazioni orientate verso la realtà, ma che esistano anche pensieri, percezioni e ricordi per cosí dire vergini a livello psicodinamico, cioè liberi da conflitti pulsionali. Questo mutamento della psicologia classica delle pulsioni condusse i critici della psicologia dell'Io a giudicarla revisionistica, e ad accusarla di essersi adattata, per motivi pragmatici, alla teoria positivistica della personalità e dello sviluppo elaborata dalla psicologia universitaria americana.

I critici della psicologia dell'Io non cambiarono idea, nonostante gli psicologi dell'Io si mostrassero senz'altro disposti a riconoscere che la postulata «autonomia primaria» dell'Io può in un secondo tempo essere conflittualizzata molto rapidamente. Adeguandosi all'operazionismo dominante all'epoca in America, Hartmann e i suoi allievi richiesero che le elaborazioni concettuali psicoanalitiche fossero rapportate al comportamento e convalidate a livello intersoggettivo, il che condusse a sforzi esasperati di formalizzazione e operazionalizzazione. La diagnostica psicodinamica operazionalizzata, dotata di molte categorie e differenziazioni diagnostiche, come l'accesso allo psichico mediante misurazioni psicodiagnostiche, è il risultato di questa concezione:

per gli psicoanalisti che riescono ad adattarsi meglio al polimorfismo e al continuo dinamismo della vita psichica, rispetto ai colleghi psicologi dell'Io, essa rappresenta uno sforzo disperato per restare al passo non solo con l'imperante riduzione dello psichico alla sfera meramente scientifico-naturale, ma anche con ciò che resta incompreso nella propria psiche. Tuttavia, struttura e vitalità non devono necessariamente escludersi a vicenda, e forse si è stati ingiusti nel vedere negli psicologi dell'Io una forza esclusivamente ordinatrice, che procede in maniera non dialettica, avendo rinunziato per conformismo sociale alle scelte autenticamente psicoanalitiche. D'altra parte, l'intento principale di Freud fu la critica alle istituzioni che producono un eccesso di rimozione e dunque di sofferenza psichica, non la classificazione e la catalogazione meticolose – ma in fondo cieche di fronte alla realtà sociale – dei disturbi psichici.

Teorie delle relazioni oggettuali.

Le teorie delle relazioni oggettuali sono soprattutto di origine britannica, anche se in seguito furono riprese da alcuni psicoanalisti statunitensi, come Margaret Mahler (1900-1988) e Otto Kernberg (1928). I teorici delle relazioni oggettuali (tra cui Ian Suttie, Harry Guntrip, Ronald D. Fairbairn, Donald Winnicott, Michael Balint) non negano, in generale, la grande influenza delle pulsioni istintuali, ma considerano piú importante il contesto delle relazioni. Non è la dominanza delle pulsioni sessuali e aggressive a essere determinante per la comprensione dell'umano, ma la sua natura squisitamente sociale; vale a dire che l'uomo diviene tale solo attraverso la relazione con un'altra persona, e perciò la ricerca di un genitore protettivo rappresenta la motivazione principale del bambino piccolo – concetto che è stato ripreso in particolare da John Bowlby e dai teorici del legame d'attaccamento.

Le esperienze di relazione (ovvero, le relazioni oggettuali nel senso di schemi di relazione), acquisite nel primo scambio genitori-bambino, costituiscono il motore per l'immagine di sé, l'evoluzione e le funzioni dell'Io da sviluppare. Già nei primi mesi di vita, le strutture psichiche fondamentali si costituiscono all'interno di una matrice familiare di relazioni. Viene cosí rifiutata l'ottica psicologico-individuale e tendenzialmente biologica della teoria classica strutturale e pulsionale; maturazione e sviluppo diventano – come già precedentemente, nella psicologia dell'Io – socializzazione e inculturazione, ma senza i travisamenti cognitivisti di una teoria psicologica della socializzazione, che vede il bambino come un essere teso a esercitare e ad allargare continuamente le proprie competenze cognitive, e nel quale curiosità, diligenza e piacere della competenza non sono ridotti da conflitti e passioni.

Le analisi dell'interazione madre-bambino, elaborate per esempio da Donald Winnicott e Masud Khan, sono indubbiamente notevoli per il loro acume e il grado di differenziazione, e chiariscono il processo straordinariamente complesso rappresentato dallo sviluppo dell'Io e del divenire Sé del bambino. Nell'ottica della psicologia delle pulsioni e della teoria strutturale, la dinamica fondamentale tra desideri pulsionali e divieti interiorizzati del Super-io si innesca solo con la formazione del Super-io, a causa dell'esperienza edipica postulata in questo periodo di vita; i teorici delle relazioni oggettuali postulano invece l'esistenza di moltissimi conflitti precedenti nel bambino, mentre il complesso di Edipo e le sue molteplici possibilità di elaborazione diventano di secondaria importanza: in primo piano sono posti i conflitti che ruotano intorno all'autonomia e alla dipendenza, alla conquista dell'autonomia, all'attaccamento e all'autoaffermazione. La relazione madre-bambino, trascurata da Freud, cosí come le importanti funzioni svolte dal padre nei confronti del proprio figlio nei primi due-tre anni di vita, diventano per i teorici delle relazioni oggettuali il punto cruciale della propria riflessione. La definizione unitaria di un conflitto tra Es, Io e Super-io cede il posto a una ricerca differenziata sul mondo delle rappresentazioni interiori, ovvero su una rete gerarchica di scene interiorizzate di interazione, di rappresentazioni del Sé e dell'oggetto, nella quale le esperienze affettive del bambino rivestono un ruolo centrale per l'archiviazione dei ricordi.

Melanie Klein e la sua scuola.

Sebbene Melanie Klein (1882-1960) sia spesso definita come la fondatrice della scuola delle relazioni oggettuali, e di conseguenza sia inclusa entro questa teoria nella letteratura psicoanalitica, è piú opportuno e corretto ritenere autonoma la scuola che a lei si rifà. Melanie Klein radicalizzò in maniera particolare gli assunti della teoria delle pulsioni, soprattutto rispetto alla pulsione di aggressione; d'altro canto, con la sua accentuazione di una dimensione specifica della relazione nelle fantasie pulsionali, anticipò alcune posizioni che sarebbero state sviluppate dalle teorie delle relazioni oggettuali. In forza delle proprie fantasie primitive, il neonato dispone già di uno scenario di forme interiori di relazione (le relazioni oggettuali), in particolare quelle di un rapporto aggressivo e sessuale con parti del corpo, soprattutto della madre (gli oggetti parziali). In maniera molto arcaica, il bambino piccolo ha già una fantasia intorno all'unione sessuale dei genitori. Questa interpretazione della Klein, che potrebbe suonare inverosimile, o per lo meno insolita, acquista una certa plausibilità se si considera quanto viene proposto da Thomas Ogden (un non-kleiniano): le prime fantasie organizzate a livello sensomotorio possono rappresentare – analogamente alle strutture profonde del linguaggio, definite da Noam Chomsky, che nascono prima e al di là di ogni concreta esperienza di apprendimento dei simboli linguistici – un a priori di senso che determina le relazioni con gli oggetti parziali dei genitori del bambino, i quali nutrono (il seno materno), producono e generano (il pene paterno, la cavità addominale, l'utero e la vagina materni). Non è solo a livello linguistico che vengono trasmesse al bambino categorie a priori attraverso il patrimonio ereditario e genetico, ma, secondo questa teoria, anche a livello del suo essere-in-relazione col mondo. A provare questo primario essere-in-relazione è stata la dimostrazione che alcuni istinti funzionano in modo ottimale già alla nascita, mentre lo stato di reciproco accordo tra il bambino piccolo e le persone di riferimento, infinitamente piú complesso, è stato dimostrato solo dalle conoscenze degli ultimi venticinque-trent'anni. Dunque i neonati vengono al mondo con competenze cognitive per costruire relazioni e attaccamento molto piú numerose di quel che la maggior parte dei ricercatori in questo campo potesse supporre all'inizio del Novecento. E tuttavia, se la stessa idea di un bambino di cinque anni nella fase dell'Edipo può essere accettata con grande difficoltà da molte persone, ben piú inquietante è l'ipotesi di un neonato che sia già in grado di stabilire correlazioni fra il ventre materno e il pene paterno o di considerare nel proprio vissuto il seno buono e cattivo della madre come categorie separate per l'organizzazione della propria esperienza.

Il sistema di relazioni che il bambino vive nelle proprie fantasie, come postulato da Melanie Klein, non deve tuttavia far ignorare che egli, nel suo universo rappresentativo, resta *relativamente immune* dalle influenze di relazione provenienti dalla sua realtà esterna. L'influenza che effettivamente esercitano sul bambino la madre, il padre e altre persone di riferimento, è stata ponderata in diversi modi ed esaminata approfonditamente solo dalle vere e proprie teorie delle relazioni oggettuali (e dai kleiniani contemporanei). Di conseguenza, sembra giustificato vedere nella concezione kleiniana una prima formulazione delle stesse teorie delle relazioni oggettuali. In altre parole: le concezioni di Melanie Klein rappresentano un ponte tra la teoria delle pulsioni di Freud (per il quale, a ogni modo, la pulsione sessuale si indirizza sempre verso un'altra persona) e le teorie delle relazioni oggettuali nel senso proprio del termine. L'opinione che la Klein non prendesse in considerazione l'influenza dei genitori reali è stata comunque smentita dagli studiosi del suo pensiero, per esempio da Howard Bacal e Kenneth Newman; al contrario, è senz'altro vero che il bambino kleiniano è talmente impegnato ad affrontare sentimenti sconvolgenti di amore e di odio, angosce paranoidi e manifestazioni dissociative che gli resta ben poca energia per conoscere le qualità e le modalità di comportamento «reali» della madre: per dirla in altri termini, la proiezione sulla madre del proprio mondo interno, modellato sotto l'influsso di pulsioni istintuali e di affetti, gli permette di vedere ben poco della madre stessa. Questa ottica implica naturalmente la dominanza delle pulsioni istintuali e degli affetti rispetto a una concezione secondo cui le prestazioni cognitive relative all'attività di categorizzazione da parte del neonato rappresentano gli elementi fondamentali per lo sviluppo dell'identità. L'elaborazione teorica della Klein, che a prima vista sembra quasi del tutto apolitica, si rivela al contrario, a un'analisi piú approfondita, eminentemente politica; le teorie politiche orientate verso il cambiamento devono infatti tener presente il sottofondo arcaico, pulsionale e affettivo dell'uomo, se non vogliono rivelarsi disperatamente ingenue e appellarsi solamente alla dimensione razionale dell'uomo. Perciò non stupisce che i concetti della Klein e di Wilfried Bion, a lei vicino, possano essere adoperati spesso e con successo nella ricerca psicoanalitica sui gruppi e le organizzazioni. Al di là del gruppo di lavoro strutturato razionalmente, e nelle fasi di destrutturazione regressiva delle regole e norme del gruppo, possono prendere il sopravvento assai velocemente forme schizo-paranoidi di esperienza interiore, dissociazione e idealizzazione, oppure gli assunti di base, formulati da Bion, di attacco-fuga, dipendenza e accoppiamento. Alla teoria di Bion, in particolare al concetto da lui elaborato di identificazione proiettiva, è inerente una concezione transazionale della diade analitica, che d'altra parte è sottesa a ogni relazione; da essa la psicoanalisi contemporanea non può piú prescindere.

Psicoanalisi francese: Jacques Lacan.

La teoria dello psicoanalista francese Jacques Lacan (1901-1981) reca l'impronta dello strutturalismo (e del post-strutturalismo), che ha avuto un ruolo particolarmente importante nella sociologia, nella linguistica e nella filosofia francese. L'etologo Claude Lévi-Strauss, i filosofi Louis Althusser e Michel Foucault, lo storico delle filosofia Jacques Derrida e il critico letterario Roland Barthes sostennero tutti un programma strutturalista, il cui obiettivo era quello di scoprire l'ordine sotteso alle cose e ai sistemi di riferimento mediante la decostruzione del dato di fatto, operazione indispensabile per la sua comprensione. In questo processo il fenomeno sociale del linguaggio riveste un ruolo fondamentale.

Lacan sviluppa un nuovo modo di leggere l'inconscio: l'inconscio è strutturato come un linguaggio. «L'inconscio è il discorso dell'Altro»: con questo aforisma, Lacan postula che non può esservi un desiderio a-sociale e che esso è sempre precostituito dal desiderio di un'altra persona, per esempio la madre, e dunque da strutture sociali. Il nostro desiderio perciò è plasmato, a livelli molto profondi, dalla società, e la psicoanalisi rappresenta un metodo per decifrare la natura di prodotto sociale della passione. Ma è soltanto dentro e attraverso il linguaggio che può esprimersi il desiderio.

La scoperta del discorso dell'inconscio, accanto allo smascheramento della struttura immaginaria dell'Io o del Sé, diviene per Lacan l'obiettivo principale della sua riflessione sulla psicoanalisi. Da questo punto di vista, egli si considera il vero erede di Freud e attacca violentemente la psicologia dell'Io sviluppatasi soprattutto in America negli anni Quaranta e Cinquanta, e divenuta ben presto una psicologia popolare. Secondo Lacan, la psicologia dell'Io, con la sua tendenza all'adattamento, smentisce l'attività sovversiva della psicoanalisi freudiana e conduce a una immagine illusoria del soggetto, del tutto autoalienata. Lacan, al contrario, considera la propria interpretazione della psicoanalisi come un «ritorno a Freud». Nella sua analisi dell'opera freudiana, egli si riallaccia in particolare al periodo creativo che va dal 1900 al 1915, cioè dall'*Interpretazione dei sogni* agli scritti di metapsicologia. Questo lasso di tempo comprende per Lacan il vero momento sovversivo di Freud, perché in quegli anni egli scoprí le strutture del desiderio inconscio e della sessualità infantile – uno scandalo per la tradizione filosofica occidentale che, fino a quel momento, aveva proclamato il primato della ragione e il *cogito ergo sum* cartesiano. La radicalità del pensiero freudiano, che si esprime nell'assunto secondo cui l'uomo può comprendere se stesso solo come individuo alienato da sé, a causa della rimozione del proprio desiderio, sarebbe stata però appiattita dallo stesso Freud nella successiva revisione della metapsicologia e, in misura ancora maggiore, dalla psicologia americana dell'Io. In tal modo, il carattere arcaico del desiderio inconscio è stato sostituito, nella psicoanalisi, dall'antropologia e dalla tendenza dell'individuo disciplinato, socializzato, teso all'adattamento, a comportarsi da scolaro modello, uniformandosi pienamente all'immagine del *sunny boy* americano dell'epoca ipocrita e bigotta del maccartismo negli anni Quaranta e Cinquanta, cui Lacan riserva tutto il proprio disprezzo.

La psicologia dell'Io, secondo Lacan, crea l'illusione che possa esservi un Io razionale e libero da conflitti, una maturazione lineare e un essere-identico-a-sé. Al contrario, Lacan ribadisce che il discorso dell'Io è sempre illusorio, perché denega la fondamentale condizione di alienazione dal proprio desiderio. L'uomo è invischiato nelle strutture del linguaggio e se crede di poter costruire autonomamente dei significati, in quanto Io dotato di conoscenza e di volontà, si inganna sulla dipendenza dalle proprie condizioni di costituzione linguistica. In tal modo il soggetto, soprattutto il soggetto razionale cartesiano, viene rigorosamente decentrato da Lacan; il vano discutere del Sé o dell'identità non è altro che un'illusione narcisistica, bisogna occuparsi, piuttosto, della scissione, imperfezione e alienazione della nostra esistenza. Il *cogito ergo sum* cartesiano diviene l'epigramma psicoanalitico: «Penso dove non sono, dunque sono dove non penso». Con ciò Lacan anticipa un'immagine del soggetto che nell'epoca postmoderna e nella psicoanalisi postfreudiana diverrà l'immagine dominante per l'essere umano. Tutte le correnti che hanno sostenuto un eccesso di razionalità hanno prodotto alla fine nuovi irrazionalismi; scienza e tecnica hanno raggiunto i limiti del fattibile; i costi ecologici e sociali della tendenza all'efficacia dell'epoca moderna sono ormai sterminati. La temporanea emulazione del positivismo e della psicologia sperimentale, verificatasi nell'epoca behaviorista e psicofisica all'interno della psicoanalisi, è considerata quindi una fuga dalla conoscenza specifica della psicoanalisi; l'applicazione di operazioni di misurazione, di reattivi e della statistica deriva soprattutto dalla paura che incute ciò che è vitale e che richiede un approccio diverso da quello dell'aritmetica e dei piú recenti programmi di computazione. Nel far luce sul carattere oscuro ed enigmatico dei processi inconsci, la psicoanalisi non raggiunge tuttavia una chiarezza anche solo approssimativa.

La svolta linguistica nella filosofia della seconda metà del Novecento, avviata ed elaborata da filosofi come l'ultimo Ludwig Wittgenstein o Donald Davidson, corrobora l'interpretazione di Lacan secondo cui l'inconscio è costituito da pensieri che sono strutturati linguisticamente, e che hanno un significato perché sono in relazione con altri fenomeni linguistici, a loro volta connessi al mondo sociale circostante attraverso la comunicazione. I fondamentali assunti linguistici di Lacan, che si rifanno al linguista Ferdinand de Saussure e al movimento da lui suscitato (del quale fa parte anche Noam Chomsky), sono stati tuttavia criticati. L'opinione di Lacan, secondo cui l'essere determinati dal linguaggio non può che alienare da ciò che è proprio, è stata contestata vivacemente. Ci si domanda, infatti: dove si potrebbero mai collocare il sapere e l'intersoggettività, se non nel linguaggio?

Psicoanalisi sociologica: Alfred Lorenzer.

Ai punti deboli e alle lacune presenti nella psicoanalisi lacaniana rispose negli anni Settanta Alfred Lorenzer (1922), docente a Francoforte, che si riallacciò proprio all'eredità della Scuola di Francoforte. Egli riformulò la psicoanalisi in termini sociologici e sottopose a profonda critica la tendenziale cecità storica e sociale soprattutto della psicologia dell'Io. Lorenzer elaborò una metapsicologia che comprendeva una teoria dell'interazione e della socializzazione nella quale venivano annullati soprattutto il (tendenziale) biologismo e il fisicalismo della psicologia freudiana delle pulsioni.

Per Lorenzer, la pulsione non è una costante naturale astorica ma è sempre socialmente e storicamente determinata, a cominciare dalla concreta interazione madre-bambino. Di conseguenza, le norme sociali non solo incidono durante lo sviluppo del Super-io edipico, attraverso la morale sessuale repressiva che è impartita al bambino, ma sono trasmesse già al neonato, in una fase molto piú precoce, mediante le modalità con cui la madre comunica e interagisce col figlio. Il contatto, lo scambio di gesti, parole e azioni non è condizionato solo dall'interazione con il suo partner, il padre del bambino, ma dalle sue concrete condizioni materiali di vita.

Cosí, per esempio, il modo in cui affronta l'allattamento dipende dalle concezioni correnti del rapporto madre-bambino, dall'ideale di maternità e di femminilità, dalle esigenze che una madre vive nella pianificazione della propria carriera, dalla considerazione in cui è tenuta la donna come madre nella vita concreta, dalla presenza di aiuti e di agevolazioni che madre e padre sperimentano come genitori, dall'ideale corrente di bellezza e di giovinezza. Tali fattori sono determinati non solo dalle rispettive possibilità e risorse finanziarie dei genitori, ma anche dall'ideologia trasmessa a livello economico. E infine anche alcune costellazioni di esperienza che potrebbero sembrare meri fattori biografici individuali – per esempio il tipo di rapporto che una determinata madre ha vissuto con la propria madre e col proprio padre, oppure i conflitti inconsci e irrisolti che mostra nel rapporto col proprio corpo, nel dare e trattenere, nella vicinanza, nell'attaccamento e nella sensualità, e che attualizza nel rapporto col proprio bambino – vengono compresi in maniera adeguata solo se analizzati nel contesto delle dinamiche economiche e sociali.

La vaghezza del processo di alienazione nella teoria lacaniana viene superata da Lorenzer mediante il ricorso all'analisi dell'ideologia dominante. In tal modo l'indeterminatezza sociale che caratterizza quasi tutte le teorie delle relazioni oggettuali diviene una teoria materialistica della socializzazione, che non astrae dalle esigenze del corpo, ma al contrario le assume come proprio punto di partenza. La conversione *sistematica* dei diversi piani di analisi teorica nella pratica clinica comporta, d'altro canto, ulteriori difficoltà, tanto che l'approccio di Lorenzer non ha potuto trovare nella pratica psicoanalitica quella diffusione che in realtà merita.

Il metodo dell'ermeneutica del profondo sviluppato da Lorenzer è stato applicato da lui e dai suoi allievi anche alla ricerca in campo sociologico e nella teoria della cultura. Da ciò sono nati lavori psicoanalitici di ermeneutica e di antropologia culturale e lavori sociologici come quelli di Carola Brede, Mario Erdheim, Rolf Haubl, Hans-Dieter König, Thomas Leithäuser, Birgit Volmerg, Siegfried Zepf, che rappresentano senza dubbio una delle piú affascinanti possibilità di applicazione della psicoanalisi contemporanea. Tali studi spaziano dall'interpretazione psicoanalitica all'ermeneutica del profondo, dall'interpretazione letteraria alla critica delle religioni e della società, dall'analisi dell'architettura e dell'urbanistica alle ricerche sul mondo del lavoro.

Psicologia del Sé.

L'intento principale della psicologia del Sé di Heinz Kohut (1913-1981) e dei suoi allievi e seguaci (Michael Basch, Anna e Paul Ornstein; Lotte Köhler in Germania) non fu piú quello di comprendere in che modo l'individuo possa soddisfare le proprie pulsioni libidiche e aggressive nel rapporto con gli altri e competere con essi, per esempio, senza perdere il loro affetto, ma in che modo il singolo riesca a salvaguardare il senso della coesione del Sé. Temi come il rispetto di se stessi, l'amore per se stessi, la capacità di accettare se stessi, sono al centro di questa teoria. Impiegata negli anni Settanta per spiegare soprattutto i disturbi nell'autostima e i tratti della personalità narcisistica, ha avuto una rapida diffusione grazie ad Alice Miller, che ha ampiamente divulgato i concetti di Kohut. Evidentemente, per molti di coloro che si occupavano di psicoanalisi era piú semplice inquadrare se stessi e gli altri in un *continuum* di esperienze interiori di disturbi nell'autostima e considerarsi bambini dotati ma irrimediabilmente traumatizzati, piuttosto che impelagarsi nel mondo arcaico delle fantasie pulsionali inconsce. Ma forse era stata anche la psicologia della pulsione, con il suo impiego di metafore meccanicistiche ed energetiche, a lasciare un vuoto: la tematizzazione di un Sé che sente e percepisce interiormente.

La psicologia del Sé riesce a dare ascolto alle condizioni di sofferenza della nostra epoca, oppure l'accettazione della psicologia kohutiana deve essere considerata il sintomo di una rimozione? Può fornire – si chiede Hans Kilian – una valutazione piú realistica del tragico Sé postpatriarcale rispetto all'ottica freudiana, incentrata sul padre, nella quale il singolo diviene colpevole per aver represso in maniera eccessiva le proprie pulsioni libidiche e aggressive? Al giorno d'oggi, di fronte alla sempre piú rapida destrutturazione e perdita di differenziazione dei valori e delle norme tradizionali, non nasce forse un bisogno gigantesco di significato negli «individui postpatriarcali», che traducono la propria insicurezza in enormi problemi di autostima?

Non pochi psicoanalisti si mostrarono riluttanti verso la psicologia del Sé quando Kohut e suoi allievi ebbero la pretesa di fornire spiegazioni esaustive dei processi psichici; al contrario, essa fu considerata un grande arricchimento dell'edificio teorico della psicoanalisi tradizionale quando riaccettò il significato dei desideri affettivi e pulsionali, rinunciando alle parzialità e alla pretesa di esaustività che l'avevano caratterizzata (per esempio con Joseph Lichtenberg).

Come completamento dell'ottica tradizionale della psicoanalisi, con la sua chiara focalizzazione dell'esperienza dell'autostima in un mondo che rende il singolo sempre piú insicuro, la psicologia del Sé è stata nel frattempo accettata. Resta tuttavia unilaterale ed eccessivamente ideologica l'originaria concezione di Kohut, che affiora in una forma abbastanza banale in molte terapie non psicoanalitiche, le quali rendono i genitori responsabili di tutte le insoddisfazioni dei propri figli. Se la patologia infantile viene determinata esclusivamente dai genitori, che hanno fallito nella risposta empatica al bambino e non sono stati sufficientemente disponibili come «oggetti-Sé narcisistici», Kohut esclude che i bambini debbano anche imparare a immedesimarsi nei propri genitori e ad accettare i loro diritti. A volte l'immagine kohutiana del mondo corrisponde al risentimento antiedipico dei bambini viziati delle metropoli ricche delle nazioni industrializzate, che in modo imperativo vogliono avere tutto e subito, senza riuscire ad accettare i limiti generazionali. D'altronde, senza rendersene conto, alcuni teorici della psicologia del Sé contestano all'uomo persino il suo desiderio di opposizione e di rivolta, definendo il bambino traumatizzato nella propria autostima esclusivamente come vittima dell'insensibilità dei propri genitori.

I critici della psicologia del Sé hanno perciò rimproverato a Kohut e ai suoi allievi di aver rinunziato, in misura piú o meno grande, al potenziale dialettico-emancipatorio della psicoanalisi classica, accostandosi, nella loro immagine dell'uomo, alla fede ideologica e ingenuo-ottimistica della psicologia umanistica. A una natura umana concepita come innocente autorealizzazione viene contrapposta una società repressiva nella figura di genitori insensibili, senza che siano esaminate criticamente le premesse antropologiche né considerate da una prospettiva economica e sociologica le condizioni da cui nasce la repressione. D'altra parte gli psicologi del Sé hanno richiamato l'attenzione, con un alto grado di differenziazione, sul fatto che non solo i bambini, ma anche gli adulti hanno bisogno di grande sostegno e di affettuoso riconoscimento per uno sviluppo ottimale della personalità, e sul fatto che questo tema è stato finora una sorta di Cenerentola all'interno della psicoanalisi. Occuparsi dell'energetica dei processi di pulsione-difesa suscita forse meno vergogna che ammettere i propri bisogni di rispecchiamento e di idealizzazione.

Attualmente si sono stabiliti importanti collegamenti tra gli psicologi del Sé e i moderni studiosi della prima infanzia – per esempio con Joseph Lichtenberg negli Stati Uniti e Lotte Köhler in Germania. Senza dubbio gli studiosi della prima infanzia, come Daniel Stern, danno un'immagine molto ottimistica dell'uomo – il quale, quando nasce, sarebbe dotato di quasi tutto ciò che può renderlo un cittadino del mondo, socievole, curioso e piacevole; tuttavia, le limitazioni nel dialogo genitori-bambino, che sono gravi soprattutto nel caso di madri e padri nevrotici, portano prima o poi a una riduzione piú o meno forte delle capacità infantili di rapporto e di interazione. La colpa del fallimento del dialogo non viene comunque attribuita solo alla madre o alla coppia parentale; anche il bambino, infatti, può contribuire al *mismatch*, cioè a una interazione disturbata. Rispetto alle argomentazioni sociologiche e di psicologia sociale, la ricerca sulla prima infanzia – condotta prevalentemente in laboratorio – deve per il momento restare in attesa. In che modo si devono strutturare dei rapporti sociali che siano in grado di produrre un'efficace attivazione e sviluppo delle disposizioni umane? La nostalgia del paradiso perduto, nel quale ecologia ed economia ancora si armonizzano reciprocamente, resta un sogno utopico dell'umanità oppure, in fondo, sappiamo abbastanza dei presupposti favorevoli alla socializzazione umana? Gli psicologi del Sé e i ricercatori sulla prima infanzia hanno descritto un bambino piú sereno rispetto all'antropologia di Freud e di Melanie Klein, senza dubbio piú cupa. Se però l'infanzia di molti a questo mondo è caratterizzata dalla miseria piú estrema, dalla fame, dalla guerra e dalla distruzione psichica, ciò dipende non solo dalla natura umana, ma soprattutto da determinate condizioni economiche e sociali.

Psicoanalisi femminista.

Le psicoanaliste femministe e le sociologhe vicine alla psicoanalisi (Jessica Benjamin, Judith Butler, Dorothy Dinnerstein, Nancy Chodorow, Jane Flax, Luce Irigaray, Julia Kristeva, Janet Sayers; in Germania Margarete Mitscherlich, Christa Rohde-Dachser, Vera King, Karin Flaake) hanno applicato la metodica psicoanalitica, intesa come critica dell'ideologia in grado di scoprire significati inconsci, alla psicoanalisi stessa, decostruendola e risalendo alle fantasie inconsce che sono alla base delle diverse concezioni, a cominciare da Freud fino a Lacan. Esse contestano soprattutto il pensiero e la percezione maschili, che devono essere smascherati come forma di pregiudizio sessuale. In tal modo, gran parte della razionalità del mondo moderno è sospettata di ideologia: se pensiero e percezione non possono essere separati dal soggetto che sente e desidera, la concezione moderna della scienza che fa coincidere conoscenza e oggettività, primato del logos e controllo delle passioni irrazionali, deve essere interpretata come modalità specificamente maschile. Cosí, per esempio, Susan Bordo delinea la centralità maschile del logos non come capacità superiore, ma come fuga dal femminile, fuga che, cominciata con Cartesio, uno dei fondatori dell'età moderna, è continuata fino ad oggi. Lo sfruttamento della natura, la conquista e il dominio dello spazio e la divisione lineare del tempo – invece dell'orientamento secondo il ritmo delle stagioni, della nascita e della morte – sono modelli di pensiero e di azione dominati dal maschile. Le autrici che si riallacciano al sistema concettuale di Lacan e che al tempo stesso lo contestano e lo sviluppano, condividono le posizioni dei teorici del postmoderno, i quali mettono in dubbio che possa esservi una spiegazione esaustiva del mondo, e un punto di osservazione decentrato, rispetto alla conoscenza. Il soggetto della conoscenza – anche se cerca di garantire in tutti i modi la propria imparzialità – non può distanziarsi dall'oggetto della conoscenza, ma è inesorabilmente legato ad esso anche solo in virtú degli elementi culturali e linguistici che hanno in comune. Partendo da Lacan, le psicoanaliste femministe mostrano che il potere del padre e del suo fallo viene meno in misura sempre maggiore. Sia per quanto riguarda la sessualità psichica, sia nell'ambito della teoria della conoscenza, il patriarcato perde sempre piú di significato: pertanto, non può piú esservi un Sé coerente o un soggetto che sa e conosce in maniera coerente. Se si considera la clinica, si nota un grande aumento dei disturbi narcisistici della personalità e dei casi *borderline*. All'angoscia di castrazione subentrano angoscia della frammentazione, vuoto interiore e noia. Sicuramente già Freud, con l'assunto del carattere inconscio della vita psichica, aveva messo in dubbio l'unità dell'Io postulata dal cartesianesimo; egli, tuttavia, considerava la capacità di sintesi la funzione piú importante dell'Io. Per Lacan, il fallo rappresenta la legge del padre, l'ordine simbolico, la condizione del «non essere castrati». Bisogna distinguere il pene dal fallo, poiché solo il maschietto possiede un pene ed è – al contrario della femmina – in grado, potenzialmente, di conquistare un giorno il fallo desiderato, il simbolo della potenza maschile-patriarcale della perfezione e del sapere superiore. Ma – sostengono le femministe postlacaniane – a far impallidire in misura sempre maggiore la metafora del fallo patriarcale, non è solo la convinzione postmoderna che non sia possibile un'unica teoria valida, ma anche gli sviluppi e le conseguenze di una conoscenza del mondo dominata dal maschile.

Presumibilmente già a partire da Bacone e da Cartesio, e senz'altro con Kant, la conoscenza razionale fu equiparata al maschile, mentre la conoscenza e il vissuto femminili furono marginalizzati, se non considerati addirittura patologici. Ma ormai da tempo è noto che ciò che è maschile e femminile non deriva da un ordine biologico o ontologico, ma piuttosto rappresenta, in gran parte, una costruzione sociale. Per poterlo comprendere dev'essere prima decostruito il senso comune dominante. L'identità maschile, per esempio, non si sviluppa dal sesso anatomico, a partire dalla nascita, ma richiede un processo molto complicato, nel corso del quale essa è esposta a numerose interruzioni. In molti casi, pensiero, percezione e vissuto sviluppatisi come maschili appaiono – nell'ottica della psicoanalisi – come una compensazione rispetto a stati di deprivazione e come una formazione reattiva rispetto a un desiderio derivante dalla lunga identificazione con la madre, desiderio che deve essere violentemente respinto dal ragazzo che diventa adulto. La razionalità maschile, smascherata come fuga dal femminile, ha incontrato sempre difficoltà a legittimarsi, come si nota anche nelle incertezze che caratterizzano la scienza (post)moderna.

La critica al primato del logos maschile, dominante, non ha d'altronde nulla a che fare con una difesa dell'irrazionalità o del relativismo, ma piuttosto col desiderio di una nuova forma di conoscenza e perciò di una nuova modalità necessaria per costruire il nostro mondo, cosí che anche per i nostri figli e nipoti sia abitabile e degno di essere vissuto. Questa nuova teoria della conoscenza si mostra, tra l'altro, nello sforzo di comprendere con empatia il senso delle cose e degli eventi intorno a noi; perciò dobbiamo abbandonare lo sguardo fondato sulla distanza, cui siamo abituati, e immedesimarci nell'altro. Sia che tale atteggiamento venga definito nella psicoanalisi uno strumento di conoscenza della propria soggettività, sia che divenga nell'ecologia il principio di «sviluppo sostenibile», è determinante che il soggetto della conoscenza, in ogni caso, non sia piú metodicamente distanziato dal proprio oggetto. Come lo psicoanalista codetermina il discorso del proprio paziente, cosí l'uomo produttore e consumatore considera sempre piú se stesso come parte di questo mondo.

Indubbiamente i prodromi di questo nuovo atteggiamento gnoseologico si rivelano già in Freud, quando stravolge il tradizionale dialogo medico-paziente, strutturato in maniera autoritaria, e considera un'importante fonte di conoscenza le reazioni emotive e le impressioni dell'analista di fronte alle libere associazioni del paziente. Questo atteggiamento conoscitivo diviene estremamente evidente negli psicologi del Sé, con il loro postulato metodico dell'introspezione vicariante, e nei sostenitori della teoria interpersonale, che invitano a tenere continuamente conto dell'influenza conarrativa nel racconto del paziente. E tuttavia, sono stati necessari alcuni decenni perché soprattutto le psicoanaliste potessero porre i fondamenti per un cambiamento di paradigma, nella tradizionale teoria della conoscenza degli ultimi tre secoli.

Psicoanalisi interpersonale.

La scuola interpersonale può essere ricondotta nei suoi prodromi a Harry Stuck Sullivan (1892-1949), che già negli anni Trenta sostenne la necessità di una piú intensa collaborazione tra psicoanalisti e sociologi, e nelle sue concezioni piú importanti fu influenzato dal filosofo sociale George Herbert Mead. La teoria della conoscenza di Charles Sander Peirce, la filosofia pragmatica di Richard Rorty e di Charles Taylor, e inoltre le teorie sociologiche e di filosofia sociale di Michel Foucault costituiscono lo sfondo intellettuale della psicoanalisi interpersonale. Attualmente la figura-guida di questa scuola è rappresentata da Stephen Mitchell; la rivista psicoanalitica da lui pubblicata ha l'eloquente titolo di «Psychoanalytic Dialogues». In modo ancora piú accentuato rispetto alle diverse teorie delle relazioni oggettuali, i moderni interpersonalisti ribadiscono che il discorso di un Io o di un Tu circoscritto rappresenta una finzione teorica, un effetto probabilmente del solipsismo cartesiano, la cui unica certezza è l'Io che pensa e dubita in solitudine, e che nel proprio isolamento interiore può accertarsi della presenza dell'altro solo mediante complesse deduzioni concettuali. Ma ciò che è primordiale e costituisce la prima e unica certezza non è l'Io, bensí l'intersoggettività, l'intreccio prospettico di due soggetti, posti sempre reciprocamente in relazione dal loro vissuto. Diversamente da Lacan, l'esistenza dell'altro non significa l'alienazione dal proprio desiderio, ma è il presupposto per la costituzione dell'esperienza psichica. Modificando la nota massima freudiana: «Dove era l'Es, deve subentrare l'Io», gli interpersonalisti dichiarano: «Dove era l'Io, deve subentrare la relazione».

Questo modo di vedere racchiude anche un nuovo rapporto gnoseologico con l'individuo da indagare; mentre, nella tradizione cartesiana, l'altro è sempre *oggetto* di conoscenza, nella teoria psicoanalitica interpersonale deve divenire *soggetto*. Come soggetto, possiede una propria esistenza, da considerare seriamente, e non da inquadrare – come fa ad esempio la ricerca psicologica di tipo positivistico – nelle definizioni e categorie gnoseologiche preliminarmente formulate dal ricercatore: al contrario, l'esistenza dell'altro può essere indagata solo nella sua soggettività, in quanto individuo dotato di propri diritti. Il pregiudizio maschile dell'eterna disponibilità della figura materna, le cui esigenze e intenzioni non contano e non godono di alcun riconoscimento, ha avuto come precursore la gnoseologia propria dell'età moderna; ma con il compimento del mondo moderno, questo atteggiamento è divenuto sempre piú discutibile. Il ricercatore positivista che opera nelle scienze umane assomiglia in qualche modo al maschietto di tre-quattro anni che non può ancora immaginare che sua madre è dotata di una propria vita psichica. Anche le teorie psicoanalitiche hanno cominciato da poco a occuparsi del piacere indotto dalla reciproca conoscenza del mondo interno dell'altro, e della profonda empatia, apprensione e reciproco attaccamento che si formano a livello psicologico, durante lo sviluppo. Non sono soltanto le teorie tradizionali della conoscenza a mostrare un'impronta quasi autistica: anche l'immagine dell'uomo elaborata dalla maggior parte delle teorie psicologiche dell'età evolutiva si è basata finora sull'idea di un bambino solitario, asociale, alle prese solamente con se stesso. Gli esponenti della psicoanalisi interpersonale spazzano via tale concezione: basandosi anche sui risultati della ricerca psicoanalitica infantile, mostrano come nella vita del bambino si origini molto presto il bisogno di condividere i sentimenti. Se finora la storia dell'infanzia – almeno di coloro sui quali esiste una storia scritta – è stata un incubo dal quale ci siamo appena destati – secondo l'opinione di alcuni studiosi di psicostoria come Lloyd de Mause o Katharina Rutschky –, è evidente come le generazioni precedenti potessero considerare ben poco la vita psichica del bambino; ma anche oggi dobbiamo constatare che solo le generazioni future potranno trarre profitto da questo sapere, nella misura in cui i risultati degli analisti infantili saranno non solo accolti con stupore, ma convertiti realmente da genitori stressati e nevrotici in atteggiamenti concreti nei riguardi dei propri figli.

È proprio della teoria interpersonale un carattere in qualche modo utopico: essa mostra cosa potrebbe essere l'uomo, grazie alle facoltà di cui è dotato, e di quali rapporti di interazione avrebbe bisogno per uno sviluppo ottimale; tuttavia, essa non deve chiudere gli occhi davanti ai disturbi nel dialogo tra genitori e bambini, davanti al *mismatch*, all'involuzione e alla devianza che si determinano frequentemente nella realtà effettiva. E ciò non solo perché le condizioni economiche possono essere pessime o la formazione dei genitori limitata, ma anche perché i conflitti inconsci, che si trasmettono da una generazione all'altra, impediscono un uso adeguato della facoltà del dialogo. Ma probabilmente un'altra limitazione è ancora piú importante: l'accentuazione della prospettiva relazionale non deve far ignorare che non si vive continuamente in relazione, e che in ogni individuo sono presenti bisogni di solitudine creativa e di aggressività, non mediati a livello intersoggettivo. In tal modo si assume una dialettica di relazione e di solitudine: da un lato il riconoscimento dell'altro quale soggetto e essere-per-sé, dall'altro la sua considerazione anche come oggetto. Se la psicoanalisi classica aveva dato scarso rilievo alla soggettività dell'altro – nelle fantasie arcaiche resta, in fondo, sempre sostituibile –, la teoria interpersonale sottolinea la dimensione del soggetto e l'acquisizione della coscienza di sé del singolo, in forza della propria relazione con l'altro. Probabilmente la verità sta nel superamento di questa polarità.

Verso una scienza paradigmatica.

L'evoluzione che ha avuto la psicoanalisi può essere forse paragonata a quella di un albero sviluppatosi organicamente, le cui radici sono da ricercare nelle interpretazioni di Freud, divenute classiche, mentre il pluralismo di teorie che abbiamo già ricordato deve essere considerato, piuttosto, la fase preparadigmatica di una scienza che non ha ancora trovato il paradigma a lei congeniale, e che perciò deve porsi delle domande: quali sono, nelle varie correnti, gli assunti di fondo preparadigmatici da mantenere, da modificare o addirittura da eliminare? Che cosa deve essere costituito come criterio di misura nella questione della verità? La ricostruzione, sempre molto teorica, degli analisti clinici? L'osservazione dei neonati, condotta dagli psicoanalisti infantili? La ricerca empirico-sperimentale dei processi percettivi e mentali, tenendo conto dei processi e delle strutture di natura inconscia? La ricerca sul campo degli etnopsicoanalisti? Il dibattito autocritico tra i vari teorici e la ricerca di consenso e di coerenza, all'interno di tale dialogo? Oppure, per studiare l'inconscio e la sua natura sfuggente, è utile soprattutto lo scambio interdisciplinare, e dunque l'esame di ciò che altre scienze, come la ricerca sul cervello, la neuropsicologia, le scienze cognitive, la sociologia e la psicologia sociale, la biologia, la ricerca sull'età evolutiva, hanno da dire sugli ambiti tematici della psicoanalisi? Sono convinto che gli psicoanalisti debbano percorrere tutte queste vie per poter giungere a una scienza paradigmatica, tanto piú che sono stati intrapresi ormai da tempo passi significativi in tal senso.

Un'altra conclusione potrebbe essere la constatazione che siamo giunti, secondo l'ottica postmoderna, alla fine delle grandi «narrazioni» e teorizzazioni; determinate interpretazioni, come alcune di quelle qui descritte, non avrebbero dunque che una limitata validità storica, sociale o locale. D'altra parte, non bisogna trascurare il fatto che l'abbozzo che abbiamo tracciato delle diverse scuole mostra uno sviluppo teorico generale che è correlato ai numerosi cambiamenti verificatisi nelle scienze umane e sociali, nella filosofia e nella teoria della conoscenza, e persino nelle scienze naturali, per esempio la fisica.

La prospettiva incentrata sull'individuo fa posto, anche in altre discipline, a una concezione che vede l'uomo come un essere sottoposto inesorabilmente ai rapporti sociali e dunque fortemente modellato da questi; Sé e identità sono considerati già da tempo, nella sociologia, come costruzioni sociali; l'influsso del femminismo e le trasformazioni sociopolitiche hanno determinato una crisi di legittimazione del modello patriarcale di pensiero e di azione; parimenti, gli schemi anatomico-biologici delle categorie di genere sono stati smascherati come ideologia maschile; modi di pensare meccanicistici ed energetici sono stati sostituiti dai modelli della teoria dell'informazione; lo scarso rilievo dato all'emozionalità rispetto alla razionalità è stato riconosciuto come errore cartesiano; l'operare secondo il principio di causalità lineare ha perso già da tempo la propria forza di attrazione rispetto alla elaborazione di modelli teorici che fanno riferimento ai concetti di sistema e di caos; al posto della riduzione di complessità, prodotta dagli esperimenti di laboratorio, subentra l'osservazione diretta dei fenomeni, considerati soprattutto nei loro ambienti naturali di vita; la constatazione che la teoria dipende dalle osservazioni e dai linguaggi dei modelli produce una tolleranza maggiore nei confronti dei diversi giochi linguistici. I processi operativi troppo rigidi non hanno piú come conseguenza le decontestualizzazioni desiderate, e perciò sono accolti con scetticismo. La scissione operata finora tra ricerca pura del fondamento e applicazione pratica viene ora considerata, piuttosto, un *continuum*. L'applicazione del sapere scientifico non è una rigida deduzione da leggi scientifiche fondamentali, ma la prasseologia ha una propria dignità scientifica. A dirla con il filosofo della scienza Hilary Putnam, si sta sviluppando la convinzione che non esista *il* metodo scientifico. La psicoanalisi ha contribuito nel XX secolo a tutti questi sviluppi, e ne è stata a sua volta modellata.

III. Lo svelamento dell'autoinganno

Una delle concezioni fondamentali di Freud è rappresentata dall'assunto che i fenomeni che a prima vista sembrano inspiegabili – che si tratti di un atto mancato, di un sintomo o di uno stato di sofferenza – hanno comunque un senso, sebbene resti nascosto all'inizio, e talvolta anche a lungo, e può essere scoperto solo mediante il metodo psicoanalitico. Azioni che apparentemente non hanno significato per la vita di un individuo e sono vissute come qualcosa di assurdo, di oscuro, di angoscioso, che provoca solo sofferenza, mostrano comunque – se si riesce a coglierne il significato inconscio – un intento o un motivo al pari delle azioni consce, il cui senso è di immediata evidenza. Ciò naturalmente non riguarda, di norma, le catastrofi o gli eventi esterni che possono verificarsi nella vita di un individuo; e non riguarda nemmeno le modalità di comportamento che derivano da necessità organiche.

La psicoanalisi si interroga sul perché delle azioni psichiche, in particolare sul perché delle azioni che suscitano in noi vergogna, che desideriamo dimenticare il piú presto possibile, e che pensiamo o immaginiamo abbiano un grande significato per la nostra vita. «Perché sono rimasta incinta sebbene ancora non volessi un bambino e faccia tutto il possibile per evitare una gravidanza indesiderata?» «Perché non sono riuscito a dedicarmi alla professione che mi ha sempre attirato?» «Perché ho sposato un uomo che notoriamente tende all'infedeltà?»

A condurre al problema psicoanalitico del perché

non sono solo le grandi decisioni della vita, che a uno sguardo retrospettivo sembrano spesso incomprensibili, oppure gli atteggiamenti caratteriali che si manifestano ripetutamente e che al soggetto sembrano inconciliabili con le proprie convinzioni e concezioni morali, ma anche le azioni quotidiane che ci impediscono, una volta che le abbiamo compiute, di sentirci liberi: «Perché nel mio discorso di oggi sono stato cosí terribilmente volgare, benché ora mi condanni e addirittura mi detesti per questo?» «Perché ancora una volta ho esagerato con lo sport, e mi sono procurato un altro stiramento?» «Perché riesco a mantenere cosí raramente le promesse fatte a mio figlio, benché io stesso abbia sofferto tanto quando i miei genitori non mantenevano quelle che facevano a me?»

La psicoanalisi naturalmente condivide con altre scienze, come ad esempio la psicologia, il bisogno di spiegare uno stato psicologico. Ma ciò che distingue il suo oggetto specifico e il suo metodo originale è che non limita il proprio campo di interpretazione né ai processi organici, subpersonali, né alle intenzioni e motivazioni consce, ma tematizza esplicitamente le intenzioni inconsce. Come nessun'altra scienza, è interessata al mondo interno di un individuo, a ciò che è divenuto biografico dei significati che determinate azioni rivestono per lui. Gli individui agiscono sullo sfondo di una rete di significati, e di norma sono consapevoli soltanto di una minuscola parte di tali significati. Ciò che nelle azioni risulta incomprensibile e oscuro, che si tratti delle azioni di un singolo, di un gruppo o addirittura di una intera società, è il punto di partenza degli sforzi di comprensione della psicoanalisi.

Ricorrere ai metodi collaudati di altre scienze?

Ora, in che modo uno psicoanalista può afferrare i significati inconsci delle azioni? Può forse basarsi sui metodi di altre scienze? Può ricorrere a costanti psicologiche o sociologiche ormai collaudate, le quali mostrano sempre e ovunque la presenza di una correlazione tra determinati avvenimenti e le modalità di comportamento, per esempio in questa maniera: «Ogni volta che le persone dispongono di una profonda motivazione ad agire, scelgono sempre, nell'eseguire i propri compiti, un grado medio di difficoltà»?

Perché non si può chiedere semplicemente al soggetto quali sono le ragioni del suo agire delle quali non è del tutto cosciente? La risposta a questa domanda può essere data molto velocemente: se si interroga il soggetto sui motivi delle sue azioni, si ricevono certamente delle risposte, ma spesso è la persona stessa ad avere l'impressione che le sue risposte non rappresentino i «veri» motivi; spesso non sa per quale causa o motivazione abbia agito in un certo modo e non altrimenti. Ha la convinzione che debbano esserci dei motivi, che però non conosce; questo non-conoscere la rende curiosa e a volte persino disperata. «Che cos'è che mi porta sempre a cominciare delle cose di cui, a conti fatti, non posso essere affatto convinto? Quasi che un'altra persona, dentro di me, mi avesse spinto ad agire o mi avesse indotto a compiere, senza prendere alcuna precauzione, un'azione che in seguito mi si rivela illogica, assurda, inadeguata, imbarazzante, dannosa per la mia reputazione?» In altri casi, alcuni riescono a motivare, apparentemente senza sforzo, le proprie azioni a prima vista incomprensibili, senza notare di aver addotto motivi che sembrano plausibili, ma che non sono quelli veri. Chi conosce bene tali persone, ha modo di individuare le loro razionalizzazioni. I veri motivi non devono accedere alla coscienza del soggetto, perché non sono in accordo con la percezione che ha di sé.

Gli psicologi hanno tratto da ciò la conclusione che il metodo dell'introspezione non ha un grande significato scientifico; perché se si chiede alle persone di motivare il proprio comportamento, si ricevono generalmente solo razionalizzazioni. Le vere ragioni del proprio comportamento sfuggono ai piú, o restano comunque poco chiare. Spesso le persone credono persino di disporre di una sorta di libero arbitrio, sebbene in realtà il loro comportamento sia determinato da costanti e si sviluppi a loro insaputa. Se, per esempio, i soggetti sottoposti al noto esperimento di Milgram sulla disposizione umana all'obbedienza potevano ritenere, all'inizio, di avere la libertà di opporsi all'autorità, hanno dovuto constatare, dopo l'esperimento, che basta una innocua espressione di autorità («Deve continuare l'esperimento; non ha altra scelta») per indurre a somministrare scosse elettriche di intensità crescente a un'altra persona, che apparentemente sta eseguendo un esperimento di apprendimento. L'orgogliosa espressione: «Sono una persona che si è sempre opposta a qualunque ordine mi sembrasse ingiustificato o violasse la dignità umana» è divenuta, per la maggior parte dei partecipanti all'esperimento, la dolorosa ammissione che ci si era profondamente ingannati sulle dimensioni del proprio coraggio civile o della propria obbedienza all'autorità. Una costante, che si può studiare in laboratorio o negli esperimenti sul campo e si è verificata sempre e ovunque, determina evidentemente, all'insaputa delle persone, il loro comportamento. Cosí la psicologia, dinanzi alle leggi indagate, parte dalla constatazione che si tratta di costanti per cosí dire organiche del comportamento umano; l'uomo non può fare nient'altro che sottomettersi all'autorità, se questa gli ordina qualcosa. In tal caso, dunque, non si tratta di una sorta di libero arbitrio o della possibilità di motivare le proprie azioni: i modelli di obbedienza e di sottomissione, che sono stati acquisiti nel corso della filogenesi, operano per cosí dire a nostra insaputa e non si curano del nostro desiderio di libertà di scelta. Fin qui l'interpretazione della psicologia.

Critica a una troppo rapida subordinazione dell'uomo al determinismo biologico o sociale.

Anche la psicoanalisi riconosce naturalmente che vi sono costanti biologiche cui non possiamo sottrarci. Ma cerca di esaminare criticamente, nell'ambito del presunto determinismo del comportamento umano, fino a che punto la determinazione operata da costanti biologiche, psichiche e sociali non sia, magari, soltanto apparente. L'atteggiamento sottomesso all'autorità, per esempio, è davvero determinato a livello biologico, oppure la disposizione biologica viene determinata durante l'infanzia dai rapporti di potere nei quali viviamo? Alcuni individui non tendono forse a obbedire all'autorità in maniera molto piú accentuata di altri? Molti non si sottomettono acriticamente all'autorità, anche quando non viene affatto richiesto loro? Quanto è sviluppata, in ciascuno di noi, quella parte in grado di indurci a un comportamento piú consapevole, piú critico e piú libero nei confronti dell'autorità? Fino a che punto le nostre idee sull'autorità e il nostro rapporto con essa sono caratterizzati dal fatto che siamo stati messi a confronto nella nostra società con specifici conflitti riguardo al dominio, la sottomissione, la ribellione e la docilità, i quali hanno modellato in un modo o nell'altro il nostro carattere?

Per poter rispondere a questi interrogativi dobbiamo mettere da parte il laboratorio psicologico, e servono relativamente a poco i questionari che interrogano le persone su come vivano interiormente il proprio rapporto con l'autorità. Mentre i biologi evoluzionisti sostengono che questo o quel comportamento umano deve essere inquadrato nella storia filogenetica, ha il significato di un adattamento ai fini della sopravvivenza e rappresenta una costante biologica ineluttabile, e mentre gli psicologi fanno riferimento alle leggi dell'attitudine e della motivazione, e i sociologi a quelle del condizionamento impresso dai modelli sociali, la psicoanalisi si interroga sulla troppo rapida subordinazione del singolo a queste costanti apparentemente immutabili: è vero che tutti noi tendiamo, secondo l'ottica biologico-evoluzionista, a ingannarci su noi stessi e i nostri simili, poiché ciò rappresenta un vantaggio selettivo per la nostra specie? Le costanti dell'altruismo, della motivazione al rendimento e della curiosità sono davvero cosí indipendenti dai fattori culturali e sociali, come alcuni psicologi vogliono farci credere? Oppure siamo tutti completamente sottomessi alle coercizioni livellatrici della società del consumo e del tempo libero, senza rendercene conto?

La psicoanalisi non discute il fatto che gli uomini siano anche esseri biologici, le cui azioni sono l'effetto di costanti psicologiche, sociali, economiche e di altro tipo. Ma assume una posizione critica rispetto all'ideologia; si interroga sulle costanti affermate dalla biologia, dalla sociologia, dalla psicologia o da altre scienze particolari. Chi ci garantisce che le conoscenze relative alla evoluzione biologica non siano strumentalizzate nel senso di una manipolazione politica, come è accaduto per esempio nel Terzo Reich, oppure che non siano in gran parte dovute alle nevrosi di determinate personalità del mondo scientifico? Chi può garantire che i risultati psicologici esprimano davvero aspetti della persona presa in esame, e non piuttosto aspetti dell'universo di motivazioni inconsce di un determinato scienziato? Nel suo atteggiamento critico dell'ideologia, la psicoanalisi non si accontenta di spiegare il vissuto e il comportamento umano di ogni tempo secondo una qualsivoglia teoria, ma piuttosto cerca di trascendere continuamente i limiti di quella che, apparentemente, è la condizione determinata dell'uomo. Perché la storia delle scienze umane non solo ha mostrato che le conoscenze sull'uomo si sono rivelate, in fin dei conti, sempre ideologiche, funzionali agli interessi dominanti, ma anche che tale sapere è stato spesso usato per legittimare determinate azioni, per quanto fossero deformate dalle nevrosi o dall'ideologia.

Quindi, per la psicoanalisi, gran parte di ciò che viene inteso come determinismo non è che uno pseudo-determinismo. La causalità di quel che viene supposto come naturale diviene una causalità del destino che può essere annullata, se l'uomo riesce a liberarsi delle presunte, ineluttabili coercizioni che hanno determinato precedentemente il suo comportamento. Questa liberazione, nella quale vengono alla luce motivazioni diverse da quelle dell'ideologia corrente, ma anche da quelle che sembrano delle costanti, è possibile con l'aiuto della metodica specificamente psicoanalitica, con il dialogo tra l'analista e il paziente.

L'introspezione come punto di partenza del metodo psicoanalitico.

Anche la psicoanalisi è scettica sulla possibilità che gli uomini possano definire di primo acchito i veri motivi del proprio comportamento, e parte dalla consapevolezza che la possibilità di accedere alle vere motivazioni cambia da una società all'altra e da un modo all'altro di socializzazione. In una società autoritaria, per esempio, gli individui hanno maggiori difficoltà ad ammettere con se stessi e con gli altri i veri motivi del proprio comportamento e sono costretti a fingere motivazioni conformistiche o comunque nobili, moralmente ineccepibili. Ma, a differenza della psicologia, la psicoanalisi non limita il proprio campo di ricerca alle relazioni di causa-effetto, che sono determinabili sperimentalmente, oppure alla correlazione tra i dati del comportamento e l'esame delle motivazioni che gli individui adducono per giustificare le proprie azioni. Trascurare l'introspezione – per quanto fallace possa essere – significa dover rinunziare fin dall'inizio allo studio di una vasta sfera dell'umano, soprattutto dei motivi inconsci di un'azione. Sebbene nel nostro comportamento vi siano alcune costanti da cui non possiamo prescindere, per quanto ci sforziamo di dichiararci liberi di volere, gran parte delle nostre azioni – la maggior parte, probabilmente – è spiegabile solo se comprendiamo le intenzioni che sono sottese a un determinato comportamento.

La psicoanalisi, perciò, parte dal fatto che in ognuno di noi vi sono intenzioni che hanno una rilevanza causale rispetto alle nostre azioni, anche se diamo loro una motivazione sbagliata o non sempre le conosciamo. Essa mantiene quindi un sano scetticismo verso le motivazioni che un individuo acquisisce attraverso l'introspezione, ma non per questo rinunzia a interrogarsi sulle intenzioni che vengono indicate come moventi di determinate azioni. Perché proprio nelle motivazioni apparenti, nelle contraddizioni e nelle lacune riscontrate in tali motivazioni si manifesta un secondo livello di senso, che a poco a poco rende visibili i veri motivi di un'azione.

Perciò la psicoanalisi costituisce un campo di indagine che va molto al di là della ricerca di costanti comportamentali, le quali per lo piú rientrano nelle costellazioni di stimoli e di modalità comportamentali osservabili, e si concentra invece sul mondo interno dell'individuo. Il mondo interno è l'universo della intenzionalità, dei significati che attribuiamo alle nostre azioni, del senso che diamo al nostro agire. È il campo che risulta sempre presente alla nostra mente e che focalizza sempre la nostra attenzione quando siamo costretti a prendere delle decisioni, soprattutto se le viviamo come conflittuali.

«Devo andare in montagna, questo fine settimana, e affrontare di nuovo la parete rocciosa? Dopo il fallimento della settimana scorsa, non ho piú avuto un momento di pace: devo dimostrare a me stesso che posso farcela. Ma che cosa dirà mia moglie se la lascio di nuovo sola, a casa, con i bambini? Ha veramente senso cedere alla mia ambizione o devo avere piú riguardo per la mia famiglia? Ma non è un mio diritto pensare al mio benessere e al mio equilibrio? Che senso avrebbe, invece, restare a casa ed essere nervoso e di cattivo umore?»

I pazienti riferiscono continuamente di conflitti intorno a scelte di questo tipo, la cui apparente insolubilità genera spesso ulteriori conflitti, tanto piú che essi ignorano il motivo che li fa emergere. «Il mio volere dev'essere sempre | quello della tempesta – sono un mare | senza riva»[1]. Citando questi versi di Else Lasker-Schüler, una paziente racconta il suo impulso a troncare per l'ennesima volta la sua relazione con un uomo poiché è affettuoso e pieno di attenzioni per lei. «Non so perché devo lasciare subito gli uomini che si innamorano di me, non vedo un senso in questo mio comportamento, ma è come se in questo modo dovessi prevenire qualcosa di funesto dentro di me».

Dai due esempi si evince che le persone tentano continuamente di motivare a se stesse le proprie azioni, ma solo in minima parte tali motivazioni possono essere considerate valide. Le loro argomentazioni si basano per cosí dire solo sulla superficie di quel che si può intuire. «Devo scalare una montagna per mantenere il mio benessere». «Devo separarmi di nuovo per prevenire una disgrazia»: è evidente che affermazioni simili possono rappresentare solo un primo livello di motivazione. Perché il benessere può essere raggiunto solo scalando una montagna, a costo di trascurare la propria famiglia? Perché con una separazione si previene una disgrazia?

La psicoanalisi, perciò, ritiene che dietro il campo delle motivazioni consce ce ne sia un altro, molto piú vasto, che solo con l'aiuto del metodo psicoanalitico può essere portato gradualmente alla coscienza, cui generalmente non ha accesso. Si tratta del campo delle intenzioni inconsce che, sebbene sia senza dubbio attivo a livello causale, resta tuttavia inaccessibile come campo psichico. Per quanto l'una o l'altra motivazione possa venirci in mente, con un notevole sforzo di riflessione (si tratta di quel campo di significato che Freud ha definito il preconscio),

[1] Lasker-Schüler, E., *Te solo*, in *Ballate ebraiche e altre poesie*, a cura di M. Del Serra, La Giuntina, Firenze 1985, p. 113 [*N.d.T.*].

le intenzioni inconsce, che regolano le nostre azioni in misura rilevante, restano generalmente tali.

La comprensione della scena include la soggettività del ricercatore e del terapeuta.

Dato il suo scetticismo verso le convinzioni e le interpretazioni raggiunte con l'introspezione, la psicoanalisi non vi si affida in maniera ingenua, come fanno per esempio i fenomenologi, né la respinge del tutto, come hanno fatto nel corso del Novecento – e in parte fanno tuttora – gli psicologi che operano secondo il modello del behaviorismo. La psicoanalisi ha invece sviluppato un proprio metodo per preservare l'introspezione dei propri pazienti da errori che le razionalizzazioni possono produrre. Si tratta di un metodo dialogico, di un approccio scettico senz'altro simile a quello con cui noi tutti, nella vita quotidiana, consideriamo a volte i motivi addotti dai nostri simili, sia che esprimiamo apertamente le nostre riserve, sia che preferiamo tenerle per noi: se parlassimo francamente, potremmo forse alienarci le simpatie del nostro prossimo. Allo stesso modo, l'analista medita accuratamente sulle interpretazioni da comunicare al proprio paziente e, a seconda dei casi, evita quelle troppo avanzate rispetto alla percezione che il paziente ha di sé.

La divulgazione e la banalizzazione del modello interpretativo della psicoanalisi (il figlio che non trova moglie perché attaccato alla madre; il bambino cresciuto in istituto che diventerà piú tardi un maniaco sessuale; la figlia legata alla madre che ha difficoltà nell'affermazione di sé) hanno fatto sí che l'inconscio individuale non si contenti piú dei camuffamenti abituali, ma assuma forme di dissimulazione sempre nuove. Al giorno d'oggi, per esempio, sintomi isterici come il noto *arc de cercle* si riscontrano molto raramente perché quasi piú nessuno ignora la problematica nascosta dietro tale manifestazione. Nonostante, o proprio a causa della sempre piú vasta spiegazione dei fenomeni psichici, gli individui trovano per cosí dire nascondigli e travestimenti sempre nuovi per ingannare se stessi e gli altri sulle vere intenzioni delle proprie azioni.

Ciò che si rivela utile per la conoscenza delle intenzioni inconsce delle azioni, nel corso del trattamento analitico, è stato descritto da Freud in modo geniale nel metodo dell'analisi del transfert. La psicoanalisi va al di là di una metodica che si limiti a comprendere; lo psicoanalista studia, infatti, la comunicazione linguistica e quella non linguistica del proprio paziente, le mette in relazione con il loro contenuto manifesto, considera la successione dei temi, le omissioni e le interruzioni tematiche e contemporaneamente osserva se stesso con la propria collaudata competenza analitica: quali sentimenti suscita in lui il paziente? Quali richieste avanza? Quali ruoli gli chiede di interpretare, ruoli che il paziente si aspetta a causa di precedenti interazioni conflittuali e che poi rivolge, senza esserne consapevole, al proprio analista?

La messa in scena delle esperienze e dei desideri relazionali nel transfert diviene a tratti uno strumento chiarificatore molto piú efficace del modo in cui il paziente rappresenta nel racconto analitico la percezione di sé. Nella libera espressione dei contenuti discorsivi precedentemente esclusi dal discorso quotidiano, e delle rappresentazioni e pensieri nascosti a se stessi, diventa infinitamente piú vasto il campo del materiale ricordato e accessibile all'introspezione. I ricordi legati a eventi importanti diventano in genere piú frequenti, le prime correlazioni tra esperienze biografiche apparentemente simili possono essere vissute interiormente. Per l'analista è cosí possibile delineare un «modello di lavoro» del suo paziente: parte integrante di tale modello è non solo la conoscenza del modo in cui egli ha vissuto eventi passati con i genitori, i fratelli e altre persone importanti di riferimento, ma anche, e soprattutto, il modo in cui percepisce nel presente le persone per lui importanti e avverte su di sé le reazioni di tali persone. La principale fonte di informazione resta in ogni caso il transfert, che si può sperimentare subito nel «qui e ora», a proposito del quale Freud dichiarò (1914, pp. 355-56)[1]:

> L'analizzato non *ricorda* assolutamente nulla degli elementi che ha dimenticato e rimosso, e [...] piuttosto li *mette in atto*. Egli riproduce quegli elementi non sotto forma di ricordi, ma sotto forma di azioni; li *ripete*, ovviamente senza rendersene conto.

Resistenza alla conoscenza di sé.

Non è solo nel corso del trattamento analitico che i pazienti hanno difficoltà a riconoscere la verità su se stessi e ad esprimere perciò una resistenza riguardo al *conosci te stesso*. Anche nella consueta vita quotidiana noi tutti sviluppiamo una difesa piú o meno forte verso il riconoscimento dei motivi di quelle azioni che non sono in accordo con l'immagine che ciascuno di noi ha di se stesso.

Sebbene la psicoanalisi dia un grande valore all'elaborazione della resistenza e della difesa – uno dei suoi assiomi centrali sostiene che gli individui si ingannano su se stessi –, ciò non significa tuttavia che assuma un atteggiamento di giudizio. Un'obiezione ricorrente nei confronti della psicoanalisi è che si mostra diffidente verso il potenziale umano suscettibile di cambiamento, e che termini come «difesa» e «resistenza» mostrano già il profondo scetticismo che essa oppone all'aspirazione umana all'autorealizzazione.

Effettivamente, la psicoanalisi ritiene che gli individui imparino fin da piccoli a reprimere determinati comportamenti, impulsi e affetti e infine a cancellarli dalla propria coscienza poiché la loro realizzazione susciterebbe profonda angoscia, vergogna o sensi di colpa. Ciò che in origine è accaduto in maniera conscia,

[1] Per le citazioni dai testi freudiani, cfr. *Bibliografia*, pp. 132-33. I riferimenti che nel corso del testo vengono dati tra parentesi rimandano all'edizione italiana delle *Opere di Sigmund Freud* pubblicata da Boringhieri [*N.d.T.*].

accade in seguito sulla base di una elaborazione inconscia di informazioni; di norma l'individuo non sa nulla dei cosiddetti meccanismi di difesa, e generalmente razionalizza con successo le modalità di comportamento che derivano dalle proprie strategie di difesa. Anche della resistenza – in questo modo è definito il comportamento interpersonale di difesa nella situazione analitica – il paziente, all'inizio, è del tutto all'oscuro, e a volte lo resta a lungo. Di conseguenza, non sa perché ha dimenticato il tema della seduta precedente, non riesce a ricordare i sogni, continua a parlare senza prendere fiato, si sente improvvisamente stanco, racconta cose irrilevanti o dispone i temi del proprio racconto in una determinata successione. I veri motivi di tali modalità di comportamento non devono essere presenti alla sua coscienza. La resistenza a riconoscere tali motivi, nella relazione con l'analista, protegge il suo minacciato senso di identità. Solo gradatamente il paziente riuscirà ad abbandonare le diverse forme di resistenza al transfert e a elaborarle. Anche per l'analista è importante, sia pure in misura minore, il riconoscimento – in questo caso – delle resistenze al controtransfert, e anche per lui è indispensabile far luce sulle sue proprie resistenze; ciò accade mentre cerca di riconoscere e di risolvere i sentimenti e le reazioni che il paziente suscita in lui, le risposte che tenderebbe a dargli. Cosí, di alcuni di questi sentimenti e reazioni diviene consapevole, forse, solo nel corso di una supervisione o di una riflessione intensiva sul proprio paziente.

In tal modo, lo psicoanalista conserva un sano scetticismo verso le affermazioni delle altre persone, ma soprattutto verso quelle dei propri pazienti, che molto spesso sono estraniati da se stessi per le traumatizzazioni e i conflitti vissuti nell'infanzia e di rado constatano che «l'inconscio prodotto dalla società» (Mario Erdheim), nei loro comportamenti compulsivi presenti, può stabilire un'alleanza con le rimozioni infantili.

La ricerca psicoanalitica della verità come filosofia di una vita felice.

La ricerca psicoanalitica della verità è, secondo Freud, il cammino ineludibile che ogni uomo deve percorrere per raggiungere la verità. Ogni società impone la repressione di determinate manifestazioni affettive e pulsioni istintuali, sicché a nessuno è risparmiata la necessità di affrontare, un giorno, la storia delle proprie repressioni. Ogni uomo è potenzialmente in grado di far luce dentro di sé, di risolvere i propri nodi inconsci, di conseguire una maggiore integrità e di guardare piú coraggiosamente in faccia la verità. Che la verità possa anche essere opprimente, a seconda della vita che si è vissuta e della società nella quale ci si trova, e che in ogni caso non prometta solo felicità, è di immediata evidenza. Rimozione e autoinganno fanno dormire, a volte, molto meglio di una instancabile ricerca della coscienza. Dunque, difendersi da ciò che è spiacevole può essere utile; inoltre, la ricerca assoluta della verità non determina necessariamente una vita riuscita, nel senso tradizionale. Tuttavia – benché siano in molti a sostenere che il mondo vuole essere ingannato – l'obiettivo della riflessione psicoanalitica consiste, in fin dei conti, nell'ineludibile ricerca della verità: lo sforzo necessario per raggiungere tale scopo è l'unico garante di un equilibrio emozionale e di una convivenza umana soddisfacente.

Il motto illuministico di Freud fa pensare a Kant, che intendeva affermare il dominio della ragione sui sentimenti, poiché percepiva questi ultimi come fenomeni asociali che è necessario vincere. Solo il superamento delle passioni, secondo Kant, conduce alla libertà e a una visione scientifica del mondo. Che l'ideale stesso di una conoscenza scientifica impassibile possa tuttavia produrre un'ideologia pericolosa – per esempio quella di poter dominare il mondo attraverso la scienza – è piú che evidente al giorno d'oggi. L'intento di Freud è però da equiparare, non senza contrasti, alla tradizione illuministica di Kant. Freud è radicato in due tradizioni: la filosofia illuministica di Kant e il romanticismo, che comincia con Rousseau. Siccome Freud, nonostante ogni pretesa illuministica, sa bene che non è possibile annullare la dipendenza della nostra razionalità da convinzioni e sentimenti irrazionali, è un illuminista critico, che sa valutare in maniera realistica i limiti dell'intelletto umano. Il lato sentimentale, inoltre, non può essere in alcun modo equiparato all'irrazionalità: sono in primo luogo i sentimenti rimossi e mutilati che suscitano sete di vendetta, gelosia, invidia e avidità proprio perché devono essere nuovamente rimossi, e ciò nonostante restano sempre operanti nell'esperienza interiore.

Gli analisti non possono aiutare i propri pazienti ad avere una vita del tutto felice. Ma possono aiutarli a decidere meglio, con piú sicurezza, di fare ciò che vogliono davvero, e a smettere di fare qualcosa soltanto perché vi si sentono spinti. La psicoanalisi non aiuta solo ad alleviare i sintomi e gli ostacoli che limitano la vita, ma anche ad ampliare interiormente il margine di scelta di un individuo e a superare ciò che è stato sempre sentito come costrizione. Ciò che per anni è stato vissuto come causalità determinante, diviene ora disponibile a livello intenzionale; l'evento che sconvolge la volontà diviene l'occasione per poter vivere il proprio Sé. Le decisioni, per esempio, non devono nascere dai sensi di colpa, ma possono essere prese con l'infallibile sentimento di aver valutato bene le proprie esigenze fondamentali.

La dottrina freudiana dell'inconscio può essere dunque considerata non solo una teoria sulle possibilità dell'autoinganno, ma anche la filosofia di una «vita felice» in senso aristotelico. Non a caso la psicoanalisi può essere definita un metodo nel quale si interrogano le singole proposizioni del sillogismo pratico formulato da Aristotele: si esprime in esse l'autoinganno di chi motiva le proprie azioni a sé e agli altri indicando determinati obiettivi e menzionando gli strumenti che ritiene adeguati alla realizzazione di tali scopi? Gli obiettivi che il soggetto pretende di realizzare, sono effettivamente quelli cui aspira? Può un individuo, per esempio, credere di aver orientato la propria vita secondo nobili scopi sociali e non scorgere in essi il proprio tornaconto? O denegare soprattutto le azioni che contribuiscono a fargli conseguire il proprio tornaconto? Oppure è convinto di aver utilizzato i mezzi adeguati per raggiungere un obiettivo, ma si inganna sull'adeguatezza dei mezzi?

Un paziente si dichiarava violentemente contrario all'aborto, per il quale richiedeva severe punizioni. La veemenza con cui negava alle donne il diritto di decidere a favore o contro l'aborto era sospetta a lui stesso. A poco a poco riuscí a comprendere che da bambino aveva sofferto molto del fatto di essere stato, probabilmente, un bambino non desiderato, perché aveva «distrutto» i progetti di carriera di sua madre. Divenne chiaro inoltre che aveva sempre suddiviso le donne in madri affettuose e pronte al sacrificio e madri aggressive e assassine; il suo ideale era naturalmente la madre priva di esigenze proprie che sacrifica la vita per il suo bambino. Con il suo atteggiamento militante contro l'aborto cercava di salvaguardare l'immagine di una madre ideale, per non dover affrontare l'odio e la delusione che nutriva per la sua stessa madre. Benché all'inizio idealizzasse molto le proprie ragazze, le sue relazioni si troncavano dopo uno o due anni, a causa di tensioni che lui stesso non riusciva a spiegarsi. In seguito, nel corso dell'analisi, si rese conto che il bisogno di controllare le donne aveva a che fare con la sua invidia della fertilità femminile.

Una paziente desiderava assolutamente un quarto figlio, sebbene ragionevoli motivi di pianificazione familiare non lo consigliassero affatto. Lei motivava il suo atteggiamento sostenendo che, dopo aver messo al mondo tre femmine, desiderava assolutamente un maschietto. Nel lavoro comune emerse che i motivi inconsci erano che voleva superare sua madre che aveva avuto tre figli, competere con la propria terapeuta, rivivere nel bambino, in maniera surrogata, i propri desideri orali regressivi e mitigare il lavoro di separazione dalla terapeuta mediante l'esperienza della dipendenza del bambino piccolo.

Gli autoinganni non rappresentano soltanto una lieve trasgressione, secondo la concezione psicoanalitica, ma si rivelano fondamentali per la comprensione del comportamento e dell'atteggiamento di vita di un individuo, in quanto determinano in misura decisiva le modalità con cui egli può entrare in contatto con se stesso e con gli altri e dare forma alla propria vita.

Il metodo psicoanalitico tuttavia non serve solo a scoprire gli autoinganni nevrotici e le relazioni interpersonali prive di senso, ma punta anche lo sguardo sulla società in cui viviamo. Non si può pensare di vivere una vita in qualche modo sana solo mediante l'adattamento alle ideologie sociali: la loro esistenza può impedire a molti il libero dispiegamento delle proprie specifiche capacità umane.

Critica ai punti ciechi della psicoanalisi.

È inevitabile che la psicoanalisi indirizzi il suo potenziale riflessivo non solo alla decifrazione dei rituali quotidiani e delle ideologie sociali, ma anche a se stessa. Laddove questo non accade, per esempio come critica continuativa nei confronti della psicoanalisi istituzionalizzata, il lavoro critico si è svolto in parte, e si svolge tuttora, fuori dalle sue file. Di conseguenza, la psicoanalisi oggi deve accettare che le si chieda se le sue idee sulle forme diagnosticate di una presunta patologia, una volta ben strutturate, non si risolvano nelle diverse forme di vita dell'epoca postmoderna; se i criteri impliciti di maturazione e gli obiettivi di sviluppo, che qui e là si sono furtivamente introdotti nelle teorie psicoanalitiche, non siano pregiudizi che riflettono in maniera insufficiente società patriarcali e capitalistiche.

Cosí anche la normalità conformistica, cui la psicoanalisi ha da sempre opposto con scetticismo il proprio punto di vista, finisce nel vortice della relativizzazione costruttivista. Di fronte alla necessità di una chiarificazione psicoanalitica e di una critica delle ideologie, non sembra esservi da nessuna parte un punto fermo che possa infondere sicurezza.

Ma forse è anche questo il progetto di vita che la psicoanalisi, in particolare, ci ha assegnato in questo secolo: assumere sempre con passione, al di là delle determinazioni nevrotiche e dei dogmi ben strutturati, la responsabilità di scandagliare l'ignoto e l'imponderabile; rinunziando alla fede nella perfetta razionalità dell'umano, ma mantenendo intatta la speranza nell'efficacia dell'autoriflessione e del suo potere risanante, nel singolo e naturalmente anche nei gruppi.

IV. L'inconscio, piú attuale che mai

La scoperta di Freud di un «inconscio dinamico» che non è accessibile alla coscienza, nemmeno con un grande sforzo di concentrazione o tentando in tutti i modi di ricordare – sarebbe, questo, nella terminologia freudiana, il cosiddetto inconscio descrittivo o preconscio – segna l'inizio di una psicologia che si estende molto al di là dei limiti della coscienza e che d'ora in avanti verrà definita psicologia del profondo. Essa segna, al contempo, la fine dell'illusione che gli esseri umani possano controllare in maniera consapevole tutte le proprie percezioni, processi mentali e ricordi. Esiste, al contrario, un'enorme quantità di esperienze e di vissuti, di conoscenze e di pensieri, che non sottostanno al controllo della coscienza e che, al di sotto della nostra razionalità, vivono una sorta di vita propria, il che ha indotto Freud a parlare di una grave ferita narcisistica, paragonabile soltanto alla scoperta che l'uomo discende dagli animali e che la Terra non è al centro dell'universo.

L'inconscio è psichico, non fisiologico o corporeo.

Quando Freud scoprí che i sintomi nevrotici sono l'effetto di ricordi traumatici rimossi, sarebbe stato ovvio definirli, secondo la dottrina cartesiana, fenomeni subpersonali, estranei ai processi mentali e propri perciò del campo di studio della fisiologia o della biologia ne autonoma dell'Io conscio rispetto all'inconscio. In tal modo, si rinunziò al ruolo costitutivo e determinante dell'inconscio, anche se la postulata autonomia dell'Io restò comunque precaria agli occhi degli psicologi dell'Io. Anche Harald Schultz-Hencke, esponente della teoria neopsicoanalica tedesca, definí l'inconscio, per motivi di natura politico-pragmatica, qualcosa di difficile da ricordare; la dipendenza dell'Io da passioni ed emozioni fu denegata a favore dell'idea di un uomo superiore dalla volontà inflessibile, che pianifica in maniera razionale.

Questa tendenziale ricaduta nella filosofia della coscienza propria del cartesianesimo trasformò temporaneamente la psicoanalisi in una psicologia del profondo piuttosto noiosa, che tuttavia trovò un'accoglienza maggiore del modello intellettuale di Freud, troppo radicale. Solo in tal modo si può spiegare l'espansione della psicologia del profondo, negli anni Sessanta e Settanta, in Germania.

L'ampia diffusione che negli anni Ottanta ha avuto in alcuni ambienti psicoanalitici la psicoanalisi kleiniana può essere interpretata dunque come una necessità di recupero di fronte a una psicologia del profondo le cui elaborazioni concettuali erano diventate fin troppo banali. L'ubiquità delle fantasie pulsionali aggressivo-distruttive, le scissioni che si innescano facilmente e rapidamente tra il bene e il male, tra l'amico e il nemico, l'irrazionalità delle continue lotte politiche e ideologiche, come in particolare nel secolo di orrori che si è appena chiuso alle nostre spalle, dimostravano che non siamo individui che pensano e pianificano in modo razionale e ragionevole. Secondo questa interpretazione siamo tutt'al piú affetti, di quando in quando, da sintomi inspiegabili che si possono chiarire col ricorso a quelle costellazioni biografiche che oggi sono ormai entrate a far parte del *common sense*.

Il pensiero kleiniano ricondusse sul giusto binario il rapporto tra coscienza e inconscio: la nostra coscienza è simile all'uomo descritto da Friedrich Nietzsche, che si trova sul dorso di una tigre ma si immagina su una lettiga. Lo psichico inconscio è aperto al corporeo, alla corrente degli affetti e delle pulsioni, ma si esclude che possa sottostare a una qualche ragione, per esempio a una ragione del corpo, perché il corporeo può diventare un bisogno sensato o una emozione sensata solo attraverso l'interazione con le prime persone di riferimento del bambino. Dunque l'inconscio psicodinamico è simile a un serbatoio di tutte le esperienze derivanti da conflitti e catastrofi, che sono vissute interiormente come incompiute, incomprese, traumatizzanti, e che premono per essere ripetute, compensate e superate.

Se si considera che, secondo i risultati di una ricerca epidemiologica, circa la metà della popolazione tedesca non è sana psichicamente, si comprende l'esigenza di svalutare la nostra natura umana; ma il diniego non può rappresentare in nessun modo l'atteggiamento giusto.

Nella concezione dell'inconscio sono ravvisabili pregiudizi incentrati sul padre?

La metaforizzazione freudiana del conscio e dell'inconscio è stata interpretata non solo come espressione della lotta dell'illuminismo contro il romanticismo, del lato solare della vita, caratterizzato dalla ragione, contro il lato notturno, sentimentale, cupo e intessuto di sogni; ma anche come espressione del fatto che Freud, prigioniero del pensiero patriarcale, ha implicitamente concepito l'inconscio come femminile e la coscienza come maschile. Definizioni come «Dov'era l'Es deve subentrare l'Io» oppure «il prosciugamento dello Zuidersee» quale opera di civiltà che sublima le pulsioni, rimandano inesorabilmente alla necessità del controllo razionale e del dominio dei sentimenti. Il femminile, finché non è riconosciuto e sottoposto al controllo maschile, esercita un influsso nefasto sul predominio maschile. L'inconscio è un potere demoniaco che si sottrae all'imprigionamento da parte del logos maschile, fa saltare le categorie strutturanti di tempo e di luogo, resta arcaico-infantile, pulsionale e affettivo – fino a quando, appunto, non viene domato.

Ma anche se si concorda con questa interpretazione, Freud – diversamente dalla maggior parte dei suoi colleghi medici, filosofi e psicologi – si imbarcò nell'avventura dell'inconscio alla ricerca delle madri, quando la madre edipica oggetto del desiderio gli sembrò piú interessante della madre del bambino piccolo. In altre parole, il Freud tanto contestato a causa del suo pensiero patriarcale fu, al tempo stesso, colui che rispose con la sua teoria al nascente movimento di emancipazione. Il femminile represso deve essere riconciliato con il maschile, se non vogliamo che la guerra tra i sessi si concluda un giorno con la totale mancanza di qualsiasi relazione.

Nella prospettiva attuale, il maschile e il femminile non rappresentano piú delle costanti di natura. Soprattutto la psicoanalisi femminista ha mostrato in che misura le idee di maschile e di femminile, insieme ai rispettivi ruoli di genere, vengano socialmente determinati e dipendano, nel loro contenuto e nella espressione, da fattori storici, culturali ed economici. Di conseguenza, anche una metaforizzazione che sfoci nella polarità di maschile e femminile, motivabile a livello ontologico o biologico, deve essere fin dal principio errata. Il lato dell'Io caratterizzato dalla ragione non è specificamente maschile, allo stesso modo in cui il lato dell'uomo determinato dalle pulsioni e dagli affetti non è specificamente femminile.

L'attuale interpretazione dell'inconscio, perciò, non sostiene piú una simile polarità rispetto alla coscienza. L'inconscio psicodinamico non viene concettualizzato come totalmente differente dalla coscienza, ma al contrario si suppone tra essi una grande prossimità. Le fantasie inconsce possiedono una struttura, sono orientate secondo un proposito, dunque sono intenzionali; le cosiddette modalità del processo primario, nell'elaborazione dell'informazione, non restano in una condizione arcaico-infantile, ma si evolvono nel corso della vita allo stesso modo delle qualità del processo secondario, che sono orientate di volta in volta in base al predominio della razionalità. Sarebbe errato comunque, da parte del lettore, ravvisare nella formazione di questa teoria un riflesso dell'attuale inclinazione all'equiparazione dei sessi, una tendenziale soppressione dell'inconscio. Una parte molto vasta della nostra attività psichica si svolge comunque in maniera inconscia o ad una soglia di vigilanza molto bassa; solo di una piccola parte dei processi cognitivi che si svolgono in modo automatico – come percepire, giudicare, pensare, immagazzinare i ricordi di breve durata – possiamo renderci conto in maniera metacognitiva e metariflessiva. L'inconscio psicodinamico, tematizzato particolarmente dalla psicoanalisi, non è certo meno ampio oggi che all'epoca di Freud; ma i suoi contenuti sono senza dubbio mutati, in dipendenza delle condizioni culturali ed economiche.

Contenuti, modalità di organizzazione e forme di codificazione dell'inconscio.

Nella prima topica di Freud erano le rappresentanze pulsionali a costituire l'inconscio. La seconda topica o teoria strutturale si sviluppava a partire dal gioco alterno delle cosiddette istanze dell'Es, Io e Super-io, gioco nel quale possono essere inconsce anche parti dell'Io, sotto forma di meccanismi di difesa operanti a livello inconscio, e del Super-io, sotto forma di suoi contenuti e effetti, come ad esempio i sensi di colpa. Nelle teorie delle relazioni oggettuali, infine, sono le rappresentanze del Sé oggetto che vengono assunte come inconsce e sono considerate lo sfondo per le esperienze interiori e le azioni del presente.

È mutata anche l'interpretazione dei modi di accedere all'inconscio. Gli psicoanalisti londinesi Anne-Marie e Joseph Sandler, distinguendo tra un inconscio-presente e un inconscio-passato, mettono l'accento su una graduazione cronologica dell'inconscio, e prendono in considerazione, inoltre, le piú recenti concezioni sulla memoria, come la memoria episodica o semantica, la memoria procedurale e quella dichiarativa. Mentre l'inconscio-passato è separato dalla coscienza da una profonda barriera di rimozione, eretta già nell'infanzia, i sentimenti di colpa e di vergogna, che si formano nell'interazione «qui e ora» con l'analista, impediscono ai contenuti dell'inconscio-presente, costruito in massima parte dalle fantasie dell'adolescente, di accedere alla coscienza.

Per lo studioso dell'infanzia Joseph Lichtenberg, la vergogna ha un ruolo molto piú importante di quanto abbiano supposto finora gli psicoanalisti. Secondo la sua teoria della motivazione, pensieri, sentimenti e impulsi all'azione possono suscitare, a partire da tutti i cinque sistemi motivazionali da lui postulati, vergogna e imbarazzo (ma naturalmente anche angoscia, senso di colpa o disgusto), che ostacolano o impediscono del tutto l'accesso del paziente ai contenuti da cui si difende. A differenza della concezione di Anne-Marie e Joseph Sandler, però, egli non considera corretto tracciare una linea di confine netta tra due forme di inconscio cronologicamente differenti; egli sostiene al contrario che il Sé, durante lo sviluppo, mostra la capacità di organizzare e integrare, in uno scambio flessibile, i contenuti inconsci della memoria con le esperienze del presente. I contenuti inconsci dell'esperienza non formano solamente le motivazioni successive, ma ne vengono a loro volta modificati.

Gli psicologi del Sé, come per esempio Robert Stolorow, distinguono fra tre tipi di inconscio: 1. l'inconscio preriflessivo, che consiste nelle modalità di organizzazione che operano al di fuori dell'attenzione vigile dell'uomo. Tale inconscio coincide ampiamente con ciò che gli psicologi cognitivisti definiscono il nonconscio; 2. l'inconscio dinamico, che è costituito dai contenuti che una volta erano consci ma che hanno dovuto essere rimossi per vergogna o per timore di una punizione; 3. l'inconscio invalidato, che consta delle esperienze importanti a livello esistenziale, ma che non hanno trovato una risonanza empatica nelle persone di riferimento del bambino.

Lichtenberg distingue tra codificazioni intrapsichiche, codificazioni interpersonali dell'inconscio e stati inconsci. Con questa concezione, egli si distanzia dalla psicologia interpersonale, che eleva l'«intersoggettività» a principio supremo, cosicché i contenuti inconsci, rimasti psicodinamici e invalidati, sono organizzati sempre in maniera intersoggettiva. Lichtenberg preferisce, invece, un'ottica nella quale è necessario partire dai tre campi dell'organizzazione inconscia.

L'organizzazione intrapsichica dell'inconscio riguarda le preferenze innate e apprese, le modalità motivazionali preferite nella competizione e nella cooperazione, gli abbellimenti idiosincratici delle fantasie e le reazioni ai propri pensieri, sentimenti, comportamenti. Cosí, il comportamento e l'esperienza interiore del gioco, in cui il bambino esplora gli oggetti o sperimenta la propria capacità di operare nel mondo concreto, sono organizzati prevalentemente a livello intrapsichico. All'interno della situazione analitica, per esempio nei sogni a occhi aperti del paziente, si mostra prima il materiale intrapsichico, che non è codeterminato dallo scambio interpersonale tra paziente e analista.

L'organizzazione intersoggettiva dell'inconscio nasce come reazione alla presenza effettiva o supposta di un'altra persona. La maggior parte delle esperienze di attaccamento, per esempio, sono organizzate a livello intersoggettivo. All'interno della situazione analitica, i derivati delle fantasie organizzate a livello intersoggettivo si mostrano nei fenomeni di transfert e controtransfert, nell'identificazione proiettiva oppure nello scambio di ruoli inconscio.

Gli stati inconsci definiscono le modalità affettive, cognitive e cinestetiche del sentimento di sé. Già nei neonati si possono distinguere stati di attenzione vigile, di dormiveglia e di sonno. Ogni stato influenza in maniera prevedibile attività come motivazione, cognizione, affetto e comportamento; il modello dell'elaborazione dell'informazione si modifica a seconda dell'esperienza di stato interiore. Nell'adulto, per esempio, si possono descrivere, tra gli altri, gli stati che gli psicologi del Sé hanno identificato come esperienza di sé frammentata, svuotata o vivificata. Nei conflitti nevrotici si riscontra un'esperienza del Sé relativamente stabile, nelle depressioni uno stato del Sé svuotato e nei disturbi narcisistici della personalità e nei casi *borderline* uno stato del Sé frammentato.

Inconscio esperienziale e non esperienziale.

L'inconscio psicodinamico riguarda i contenuti psichici, che vengono interpretati come costruzioni teoriche e che sono stati definiti da Freud rappresentanze della pulsione, e in seguito relazioni oggettuali, schemi, rappresentazioni di interazioni generalizzate. L'inconscio psicodinamico non tematizza, invece, i processi che la psicoanalisi considera operazioni di difesa dell'Io, quindi tutti i processi che la psicologia cognitiva attribuisce all'elaborazione dell'informazione. Per chiarire concettualmente questa differenza, psicoanalisti come Joseph Sandler, Morris Eagle o Eric Gillet distinguono tra un ambito esperienziale e uno non esperienziale dell'inconscio. L'ambito esperienziale può essere ulteriormente articolato in un inconscio descrittivo o preconscio (Prec) e in un inconscio dinamico (Inc). Le operazioni che si svolgono nell'ambito non esperienziale non possono accedere alla coscienza, né come contenuti, né come derivati della fantasia. Grazie a questo ampliamento concettuale, che d'altronde è già da tempo di uso corrente nel linguaggio psicoanalitico, si può gettare un ponte coi risultati della ricerca della psicologia cognitiva e sviluppare insieme ad essa un importante campo di ricerca interdisciplinare.

L'assunto di funzioni cognitive di natura inconscia non è nuovo per la psicoanalisi. Nel modello strutturale delle tre istanze della vita psichica, si sosteneva da tempo che le diverse funzioni dell'Io operano in parte in maniera inconscia. Dunque, i meccanismi di difesa sono inconsci nella loro modalità di funzionamento. Il concetto di mondo rappresentazionale permette di delimitare chiaramente questa parte dell'operare inconscio dall'inconscio psicodinamico. Tuttavia i due processi, i modi inconsci di operare e i contenuti del mondo rappresentazionale, sono interdipendenti. L'odio inconscio per il proprio superiore, ad esempio, fa dimenticare e infine rimuovere determinate azioni; la percezione inconscia, deformata in maniera selettiva e proiettiva, determina la costituzione o il consolidamento di determinate esperienze di interazione, che sono parte costitutiva del mondo rappresentazionale.

Processi di difesa in una nuova luce.

La moderna psicologia della percezione parte dalla constatazione che la percezione cosciente (vedere, udire, gustare, odorare e toccare) rappresenta solo una minima parte delle informazioni che sono raccolte effettivamente dai recettori di senso. Si calcola, per esempio, che ai recettori dell'occhio arrivino ogni secondo diversi milioni di bit, e che di questi ne diventino consci circa quaranta, quindi la venticinquemillesima parte; i recettori della pelle, invece, recepiscono circa un milione di bit al secondo, dei quali, in ogni caso, solo cinque arrivano alla coscienza. La stragrande maggioranza delle informazioni che vengono elaborate e che influenzano il nostro vissuto e il nostro comportamento non viene affatto acquisita dalla coscienza.

Ricordiamo molto brevemente gli ordini di grandezza del nostro cervello: oltre alla ricezione dello stimolo sensoriale, attraverso diversi milioni di bit, il cervello deve categorizzare, classificare, memorizzare tali stimoli, e cosí pure le informazioni che si ricavano dalla percezione corporea e quelle che derivano dalla memoria a lungo termine. Questo processo di elaborazione di tutte le molteplici attività cerebrali comprende almeno alcuni miliardi di bit. Per questo lavoro sono a disposizione miliardi di cellule nervose, probabilmente addirittura bilioni. Ogni cellula nervosa è fornita in media dai diecimila ai cinquantamila collegamenti con altre cellule nervose.

Gli psicologi cognitivisti mostrano che solo una parte infinitamente piccola delle attività cognitive inconsce può diventare accessibile all'introspezione (per esempio attraverso la concentrazione sullo svolgimento di un processo mentale o decisionionale), il che coincide senz'altro con gli assunti della psicoanalisi.

Come ha riscontrato il neurofisiologo Benjamin Libet, c'è un piccolo ritardo molto significativo tra la ricezione dello stimolo sensoriale e l'esperienza interiore di una risposta cosciente. Per la riflessione analitica, questo risultato conferma che tutto ciò che si riproduce nel cervello è in un primo momento inconscio, e che solo una minima parte dell'attività cerebrale diviene cosciente. Se, in un determinato momento, crediamo di decidere un'azione in maniera consapevole, il nostro pensiero e la nostra decisione *inconsci* si sono già svolti da tempo, e milioni di informazioni necessarie per questo atto di pensiero e per questa decisione sono stati elaborati in non piú di mezzo secondo. D'altra parte, il concetto psicoanalitico di difesa assume nuovamente una forza dirompente. Le idee che danno angoscia, senso di colpa o vergogna sono già attivate nell'elaborazione inconscia dell'informazione, e viene loro impedito di accedere a una soluzione cosciente del problema. In ogni caso, il soggetto è del tutto ignaro di questi diversi processi di difesa.

C'è una confluenza tra psicoanalisi e psicologia cognitiva?

Nella letteratura specializzata degli ultimi anni si può riscontrare una svolta sorprendente: gli psicologi, che per anni si erano limitati a descrivere e a spiegare il comportamento umano per quel che è dato osservare e calcolare, a causa del postulato metodologico del behaviorismo, negli anni Sessanta e Settanta si sono sempre piú allontanati da questo tabú mentale e percettivo. Senza dubbio l'uomo, in quanto essere globale e storico, dotato di affetti e di pulsioni, non era mai stato tanto al centro degli sforzi della ricerca psicologica, ma la persona umana poteva pur sempre essere studiata come essere che elabora informazioni, e all'interno del quale si svolgono processi cognitivi complessi. Certamente, per una svolta metodologica di tale portata è stato decisivo il successo conseguito dalla scienza informatica impiegata quale modello, cosí come precedentemente gli psicologi avevano eletto a proprio ideale la fisica.

Questa svolta cognitivista – che per molti tuttavia sembra essere passata inosservata – ha determinato una riabilitazione della psicoanalisi, già dichiarata morta dal behaviorismo: infatti, se si considerano *sine ira et studio* i processi di pensiero, percezione e ricordo, che sono l'oggetto di studio degli psicologi cognitivisti, emergono sorprendenti affinità alla psicoanalisi, soprattutto dopo che gli psicologi cognitivisti hanno mostrato che i processi cognitivi si svolgono in gran parte in maniera inconscia. Si può chiarire adeguatamente l'aspetto sorprendente di questa svolta solo se si rammenta che discutere dei processi psichici inconsci, all'interno della psicologia, è stato considerato per anni un sacrilegio, che comportava l'immediata scomunica da parte della comunità scientifica.

Se durante l'egemonia behaviorista, nella prima metà del Novecento, la psicoanalisi fu rifiutata da molti psicologi in quanto priva di scientificità, dato che affermava l'esistenza di processi psichici inconsci, ora, paradossalmente, viene criticata da alcuni psicologi cognitivisti perché – a loro avviso – ha assegnato un'importanza troppo limitata all'inconscio. In secondo luogo, gli psicologi cognitivisti sostengono che non è piú necessario legare il problema dell'inconscio alla sola psicoanalisi. Infine, *topoi* come percezione inconscia, pensiero inconscio, influssi inconsci sui processi mentali, fanno ormai parte dell'oggetto di ricerca accettato dalla psicologia moderna.

Martin Kurthen si è chiesto se abbia senso, al giorno d'oggi, considerare la psicoanalisi come parte costitutiva della psicologia cognitiva, ovvero della scienza cognitiva, come ha proposto tra gli altri Matthew Erdelyi. In un'ottica interdisciplinare, per un confronto tra teorie, bisogna parlare soprattutto della teoria della rappresentazione mentale (RTM). Rispetto all'elaborazione puramente razionale dell'informazione all'interno della teoria della scienza cognitiva, la psicoanalisi si tiene saldamente ancorata al riferimento corporeo – che venga considerato un'esperienza pulsionale o affettiva –, riferimento che invade la rappresentazione cognitivista, cioè è dissonante rispetto alla volontà di sapere esclusivamente razionale. La mente umana non è un programma software separabile dal corpo, anche se in alcuni neuroscienziati questa idea cartesiana rinasce a nuova vita. La mente umana può essere concepita solo in un organismo biologico complesso, e quest'ultimo non è una costante naturale astorica, posta al di fuori della socialità, ma si sviluppa solo nella reciproca interazione con l'ambiente circostante, modellato di volta in volta da fattori storici e culturali.

V. Dalla teoria delle pulsioni alla teoria delle motivazioni

Il modello freudiano della teoria delle pulsioni considerava l'uomo un essere il cui vissuto e le cui azioni sono determinate dalla storia dei suoi desideri pulsionali psicossessuali e aggressivi. Poiché gran parte delle manifestazioni pulsionali infantili, per la loro forma e il loro contenuto – per esempio l'esibizione degli organi genitali –, entrano in conflitto con le aspettative dei genitori e con quelle specifiche della civiltà, devono essere abbandonate, soppresse e infine rimosse. Ma, poiché fanno parte della natura umana, le pulsioni istintuali non possono essere represse del tutto. In forma occulta, esse cercano sempre di scaricarsi. Derivati meno sconvenienti della pulsione istintuale repressa sono quelli che si esprimono in fantasie, sogni a occhi aperti, atteggiamenti caratteriali e sintomi.

Nel corso della propria opera, Freud sviluppò i quattro assunti della teoria delle pulsioni: 1. Ogni azione umana ha una senso, anche il comportamento apparentemente piú fortuito o assurdo. 2. Solo di rado percepiamo oscuramente che il nostro comportamento è determinato dalle pulsioni. 3. L'azione non è mai la conseguenza di un'unica pulsione istintuale, ma di un insieme di motivi e formazioni di compromesso che per lo piú entrano in conflitto. 4. Ogni comportamento motivato è riconducibile a impulsi sessuali e aggressivi, biologicamente fondati. Tutti questi principî infransero, all'epoca di Freud, l'immagine che l'uomo aveva di sé, e lo fanno tuttora: in particolare, il determinismo del comportamento infranse il sentimento del libero arbitrio; la natura inconscia di gran parte delle nostre azioni, la convinzione di essere persone che agiscono in maniera consapevole; la conflittualità permanente e ubiquitaria del nostro essere, il nostro bisogno di armonia; infine, la natura pulsionale, sessuale e aggressiva dell'uomo, la convinzione che siamo esseri razionali o, per usare termini piú attuali, risolutori di problemi cognitivi, dotati di capacità metacognitive, o macchine elaboratrici di informazione.

Tutte le azioni sono determinate dalla sessualità e dall'aggressività?

Cosa è cambiato all'interno della psicoanalisi nel corso del Novecento, in queste convinzioni di fondo? Non l'idea che le azioni umane sono motivate, che spesso sono al servizio di intenzioni inconsce e altrettanto spesso sono determinate da desideri e scopi che entrano in conflitto: è cambiata, semmai, quella che *tutte* le azioni siano determinate dalla sessualità o dall'aggressività.

Ora, quel che si deve intendere per sessualità e aggressività è, in primo luogo, una questione di definizione; secondo l'opinione di molti critici della psicoanalisi, questa situazione criptica è ulteriormente complicata dal concetto di sublimazione. La sublimazione infatti può suscitare a partire dalla sessualità premura e amore per il prossimo, e a partire dall'aggressività una costruttiva capacità di affermazione e carisma coinvolgente. Ma perché un individuo deve mettere la propria vita al servizio di un amore disinteressato? Secondo Freud, ciò si può spiegare con l'ipotesi che un individuo, in tal modo, appaga segretamente un bisogno sessuale deviato, per esempio quello di essere amato, oppure placa un bisogno aggressivo, per esempio quello di potersi sentire superiore, mediante la compassione, alle persone piú deboli della società.

Probabilmente fu proprio il carattere sconveniente della dottrina freudiana delle pulsioni a procurarle la maggior parte degli avversari: il religioso che, spiando i penitenti, soddisfa i propri bisogni voyeuristici, o che sul pulpito gode del suo potere sulle pecorelle che si affidano a lui con timore; il ginecologo che intende compensare in modo produttivo la propria invidia inconscia della fertilità femminile; il rivoluzionario che usa il proprio odio inconscio per i genitori come atto socialmente progressivo; il cuoco che può identificarsi con la madre che lo viziava a livello orale; l'ispettore delle imposte che con disinvoltura può prelevare qualcosa dalle tasche altrui; il chirurgo che può trasformare in azioni utili le proprie fantasie aggressive; l'insegnante che gode della propria superiorità sugli alunni e spaccia per eros pedagogico il proprio sadismo; il politico che maschera con la responsabilità nei confronti dei cittadini la propria ambizione e desiderio di potere; e cosí via. La sublimazione può essere piú o meno riuscita e lasciar intravedere solo una traccia degli impulsi originari. L'aver ridotto tutto ciò che è sublime a una misura troppo umana, e per di piú l'aver rimandato l'uomo ai propri antenati animali, fu decisamente troppo.

Se all'inizio del secolo furono gli indignati guardiani della morale a inveire contro la teoria freudiana delle pulsioni, oggi sono i cognitivisti ad annunciare a squarciagola di aver studiato il cervello umano in lungo e in largo e di non avervi riscontrato da nessuna parte una pulsione sessuale e aggressiva, ma solo un centro che elabora e calcola incessantemente informazioni, e che perciò non ha bisogno di alcun impulso, tanto meno di un impulso sessuale.

Mutamenti del concetto freudiano di pulsione.

Nel corso del secolo, la psicoanalisi si sforzò, a un certo punto, di diventare «rispettabile». Se alcuni videro in ciò una riabilitazione del senso morale per apparenti motivazioni etiche, altri ritennero che fosse assolutamente necessario per motivi scientifici. Circostanze politiche ebbero indubbiamente un ruolo in quello sforzo; per esempio, l'esponente della teoria neopsicoanalica tedesca Harald Schulz-Hencke rese inoffensiva la teoria delle pulsioni di Freud, operando una distinzione tra l'erotismo, la tenerezza e la sessualità vera e propria. In tal modo egli liberò la dottrina freudiana delle pulsioni dalle «scorie ebraiche» rendendola accettabile per i nazisti. Lo psicologo dell'Io George S. Klein distinse la teoria clinica della sessualità dalla sua sovrastruttura metapsicologica; mentre la prima, a suo avviso, offre preziose nozioni, la seconda è permeata da metafore delle scienze naturali del XIX secolo, ormai obsolete, che nell'epoca dell'informazione appaiono prive di valore conoscitivo. John Bowbly introdusse la pulsione di attaccamento, e i teorici delle relazioni oggettuali, già prima del boom della teoria dell'attaccamento, che continua ancora ai nostri giorni, avevano espresso l'opinione che il bambino ha bisogno prima di tutto della relazione per potersi sviluppare in maniera ottimale. Con il suo concetto di amore primario, Michael Balint contraddisse la concezione freudiana del bambino, che percepisce il mondo in maniera prevalentemente egocentrica e che anela soprattutto a ottenere piacere e a evitare dispiacere. Joseph Sandler dimostrò che le nostre azioni non sono determinate solo dalla sessualità e dall'aggressività, ma anche dalla ricerca di sicurezza e di un potenziamento dell'autostima. Heinz Kohut, infine, invece delle pulsioni sessuali e aggressive postulate da Freud e del loro bilanciamento piacere-dispiacere, considerò la regolazione narcisistica determinante per la nostra esperienza del Sé, e Joseph Lichtenberg elaborò la teoria dei cinque sistemi motivazionali.

Per queste ultime innovazioni fu senz'altro decisiva la critica iniziata negli anni Sessanta al cosiddetto modello della caldaia a vapore della motivazione, che in Germania era stato divulgato da Konrad Lorenz. I concetti della distribuzione energetica e dell'idraulica furono interpretati come vestigia della meccanica classica, e al loro posto subentrarono, nella psicologia e nella ricerca sul comportamento, i concetti del cervello quale elaboratore di informazione. Con il trionfo della metafora del computer, l'uomo fu interpretato come sistema che elabora incessantemente un'enorme quantità di informazioni. Nella scienza cognitiva, infine, le pulsioni istintuali furono considerate *homuncoli* superflui, perché la ricezione e l'elaborazione delle informazioni rappresentano di per sé un'attività e non richiedono alcun impulso. A differenza degli psicologi cognitivisti, che fecero di tutta l'erba un fascio e rinunziarono ampiamente alla tematizzazione di emozioni e di pulsioni, gli psicoanalisti, negli anni Settanta e Ottanta, integrarono su vasta scala i risultati della ricerca sull'affetto, come per esempio quelli conseguiti da Silvan Tomkins. Gioia, dolore, ira, curiosità, paura, interesse e disgusto sono affetti fondamentali, strettamente connessi alla novità, variabilità e complessità degli stimoli che il bambino elabora incessantemente durante la crescita. Le reazioni affettive alle nuove informazioni che arrivano non solo dal mondo esterno, ma anche dai dati della coscienza, della memoria a lungo termine e dalla percezione delle sensazioni corporee, richiedono una concettualizzazione diversa da quella di un contenitore con dentro un liquido che sale di livello; oggi è necessario, piuttosto, riprodurre in maniera adeguata i complessi processi di scambio di input sensoriale, memoria a breve e a lungo termine e *matching* di informazioni vecchie e nuove, sullo sfondo dei processi di regolazione edonistici e anedonistici. Ulrich Moser di Zurigo e Rainer Krause di Saarbrücken si sono sforzati di integrare il «cambiamento di paradigma» in quello che è stato finora il modello di pensiero psicoanalitico; negli Stati Uniti, in Canada e Gran Bretagna hanno lavorato in tal senso soprattutto Otto Kernberg, Michael Basch, Morris Eagle nonché Anne-Marie e Joseph Sandler.

Le idee piú recenti partono dal fatto che il bambino piccolo sviluppa legami di attaccamento positivi, negativi o ambivalenti con le persone, a seconda dell'efficacia e dell'affidabilità con cui queste contribuiscono a regolare i suoi affetti. Se si è instaurato un attaccamento positivo, la persona sarà utilizzata preferibilmente per la regolazione affettiva. Un attaccamento negativo si sviluppa nei confronti di quelle persone che interferiscono continuamente con la regolazione affettiva e/o hanno direttamente determinato esperienze affettive negative. L'attaccamento nei confronti degli altri individui si sviluppa perciò a seconda della loro capacità di fungere da regolatori ottimali di affetto. Anche da adulti cerchiamo di riprodurre continuamente le esperienze che hanno suscitato sentimenti positivi, e allo stesso modo di evitare le situazioni che abbiamo vissuto come spiacevoli.

La teoria dei sistemi motivazionali.

Sullo sfondo di queste e di altre riflessioni, Joseph Lichtenberg elaborò negli anni Ottanta una concezione del tutto innovativa dei sistemi di motivazione dell'uomo. Ognuno dei cinque sistemi motivazionali da lui postulati ha lo scopo di regolare o appagare bisogni di base. I cinque sistemi di motivazione constano dei bisogni di: 1. regolazione di esigenze fisiologiche; 2. attaccamento e affetto; 3. esplorazione e autoaffermazione; 4. avversione; 5. piacere sensuale ed eccitazione sessuale.

In tal modo, Lichtenberg ha chiaramente passato agli atti non solo la teoria classica duale delle pulsioni, ma anche l'assunto di un motore primo intraorganismico; secondo la sua concezione di sistema, anche le occasioni esterne mettono in moto una motivazione. Quando, per esempio, a un bambino in leggero dormiveglia viene offerto un sonaglio, la possibilità di afferrare, guardare, ascoltare, mettere in bocca può suscitare in lui una forte motivazione esplorativo-autoaffermativa. Gli affetti cosí prodotti amplificano le esperienze motivazionali e forniscono nuovi obiettivi alle motivazioni.

Per Lichtenberg ogni sistema motivazionale è un sistema motivazionale-funzionale; le motivazioni suscitano funzioni strumentali che sono guidate dagli affetti. Le possibilità funzionali di azione con amplificazione affettiva chiamano alla ribalta nuove motivazioni. Le motivazioni accadono «nel» sistema, vale a dire che non sono da intendere come strutture, ma come processi che si svolgono senza interruzione.

Il concetto di sistema suggerisce anche attività come organizzare, iniziare e integrare, ed è quindi compatibile con la concezione attuale del bambino piccolo, che non può piú essere considerato un contenitore passivo di richieste pulsionali e di influenze ambientali, ma un soggetto che costruisce attivamente la propria esperienza di sé e del mondo.

Il postulato dei cinque sistemi motivazionali – tra i quali il sistema della motivazione sensuale-sessuale non è che uno dei tanti – limita fortemente il significato del determinismo psicosessuale del comportamento umano, tanto piú che questo sistema viene ulteriormente differenziato da Lichtenberg. Due stati affettivi senza dubbio correlati, ma differenti, cioè il piacere sensuale e l'eccitazione sessuale, sono gli obiettivi di questo sistema motivazionale.

Il piacere sensuale riguarda uno stato affettivo che comincia nella prima infanzia con le attività parentali atte a consolare e a esprimere affetto, è interiorizzato dal bambino come capacità di consolarsi e diventa nel corso della vita un elemento importante della coesione del Sé. La teoria classica, secondo Lichtenberg, avrebbe dato scarso rilievo a questo aspetto della gioia o del piacere sensuale, e sopravvalutato l'importanza della scarica pulsionale orgasmica, considerata l'obiettivo unico della sessualità.

Ma l'eccitazione sessuale, fino al raggiungimento

dell'orgasmo, rappresenta, per cosí dire, solo la metà di questo sistema motivazionale. L'eccitazione sessuale viene suscitata in parte dalle stesse attività che i genitori mettono in atto per consolare ed esprimere affetto; mentre la gioia sensuale è una manifestazione frequente e quotidiana già nel neonato, l'eccitazione sessuale non è ancora riscontrabile nel bambino piccolo. La ricerca del piacere sensuale è una motivazione molto piú potente di quanto non si fosse riconosciuto in precedenza, mentre quella dell'eccitazione sessuale è, piú che altro, periodica ed episodica.

Ora, se si accetta la teoria di Lichtenberg dei cinque sistemi motivazionali, consolidata da molti risultati clinici e neurofisiologici e dalla psicologia dell'età evolutiva, come si spiega il fatto che nell'esperienza clinica la difesa dai desideri pulsionali sessuali (e aggressivi) ha un ruolo assolutamente essenziale nella maggior parte dei sintomi psiconevrotici? Secondo Lichtenberg, il momento sensuale-sessuale si può riscontrare anche in molte altre attività: nel fumo, nel consumo di alcol e di caffè, nell'assunzione di farmaci stimolanti, nella guida a velocità elevata, nella continua pratica di sport, e cosí via. Allo stesso modo, un aspetto sessuale si può ravvisare anche in molte attività piacevoli per i sensi: per esempio in un bagno caldo, nel cibo, nella musica dolce e rilassante. E tuttavia, il comportamento esteriore può spesso ingannare sull'effettivo sistema motivazionale che gli è sotteso. Sulla base di esperienze cliniche ben documentate, Lichtenberg mostra che la sessualità si presta, per cosí dire, ad abusi in un gran numero di ambiti di esperienze e di motivazioni diverse. Dalle analisi dei pazienti affetti da disturbi narcisistici, per esempio, risulta che la sessualità viene spesso impiegata per coprire il vuoto interiore, la noia e la minaccia di frammentazione; la masturbazione praticata in modo eccessivo e il comportamento promiscuo possono cosí trasmettere un'esperienza effimera di vitalità interiore.

La sessualità può essere usata – soprattutto dalle

donne – per conquistare il partner, legarlo a sé e renderlo dipendente. Negli uomini, d'altro canto, la sessualità spesso prende il posto di fantasie aggressive, e assume la forma di uno strumento di disciplina e di controllo. Per alcune persone con insufficienti esperienze di socializzazione, la sessualità è spesso l'unica forma di avvicinamento tra due esseri umani, perché non hanno potuto apprendere la tenerezza, l'erotismo, le forme passionali, romantiche e sublimate di corteggiamento. Per i pazienti affetti da disturbi di relazione, l'esperienza interiore della prossimità spesso può essere vissuta solo sotto forma di atti sessuali. Inoltre, per molti adolescenti la sessualizzazione di quasi tutti i campi di esperienza interiore consente di imparare ad affrontare le tensioni sensuali legate alla sessualità, che si consolida in questa fase della vita. Ma tutte queste forme riguardano solo superficialmente la sessualità nel senso proprio del termine; inconsciamente al soggetto interessa in realtà l'esperienza della sensualità, del contatto, dell'autoaffermazione aggressiva, della dimostrazione narcisistica di superiorità.

Anche le idee formulate finora dalla psicoanalisi su una pulsione d'aggressione primaria sono state respinte. L'aggressività distruttiva non è una forza motivazionale autonoma come la fame. Non è stata osservata, finora, una periodicità prevedibile per l'aggressività; non si riscontrano modificazioni metaboliche in assenza di aggressività; senza dubbio bisogna mangiare, bere e respirare, ma non c'è alcun bisogno dell'aggressività, finché non è presente uno stimolo che la provochi. L'aggressività sembra essere, piuttosto, un comportamento motivato di difesa, finalizzato all'autoconservazione. Lichtenberg opera ulteriori distinzioni nel sistema motivazionale esplorativo/autoaffermativo e nel sistema dell'avversione, il che corrisponde, in una diversa nomenclatura, all'*adgredi* e al dire-no nel quadro del processo di individuazione.

Scompare il sessuale?

Ora, la stessa parola «motivazione» non suona di per sé scialba, da psicologia accademica? La psicoanalisi sta forse diventando una «signora asessuata»? La sessualità e l'aggressività non hanno piú nella vita umana il ruolo che Freud aveva loro attribuito? Oppure è stato Freud a sopravvalutare la loro influenza sulla psiche? Che cosa è accaduto? Gli psicoanalisti che studiano la prima infanzia considerano quelle competenze cognitive che sono già sviluppate nel neonato, quali la curiosità, il piacere della funzione e l'impulso a provocare qualcosa, come connaturate all'uomo. Hanno dunque completamente trasformato l'immagine del bambino freudiano? I sociologi hanno mostrato che il comportamento sessuale si può comprendere solo come fenomeno sociale, e che esso è molto meno dipendente dalla biologia di quanto non avessero supposto in passato alcuni psicoanalisti. Ma è davvero la biologia dell'impulso a essere modellata dai fattori socioculturali, oppure solo le sue forme di espressione? E se gli etologi sono convinti che la sessualità tra i componenti di una famiglia sia severamente soggetta a tabú, in che modo si può spiegare la grande frequenza del desiderio sensuale e sessuale tra i membri di una stessa famiglia?

Che cosa ci svela la psicologia della vita quotidiana, nel modo in cui viene rappresentata per esempio dai media? A prima vista si può pensare che sia una esemplificazione dei postulati freudiani: i film di sesso e violenza raggiungono i piú alti indici di ascolto; non c'è giallo senza una sbirciata nel mondo della prostituzione; su quasi tutti i canali televisivi è un continuo interrogatorio sulle intimità sessuali; c'è un piacere genuino, inesauribile, di esibizionismo e voyeurismo; la sessualizzazione è ovunque, e insieme si dibatte sul calo del desiderio sessuale, considerato un fenomeno sociale ampiamente diffuso.

A partire per lo meno da Herbert Marcuse sappiamo che la struttura economica e sociale modella, di volta in volta, i rapporti umani fin nella piú intima sfera, e che se la sessualità mercificata ha condotto presumibilmente a una sua liberalizzazione, l'esercizio della sessualità non è divenuto per questo piú piacevole, piú creativo o piú rilassante. Anzi, prevale il contrario: la merce sessualità viene spesso consumata come fast food, e la disinvoltura con cui viene messa in scena inganna sulle dimensioni della tirannia esercitata da modelli coattivi – per esempio quello del corpo perfetto o potente, sempre disponibile al piacere –, tirannia di cui è ben consapevole il mondo economico. Avere un aspetto sexy diventa un dovere e richiede, inoltre, un bel po' di danaro.

La sessualità è divenuta una merce, nel Novecento, e con questa caratteristica ha smarrito indubbiamente quel che le era essenziale, vale a dire ciò che è sorprendente, straordinario, ciò che non si può calcolare né comprare. Forme di inibizione al piacere e intristite esperienze di rapporto sono comunque rimaste: idolatria del denaro e del potere, tirannia dei controlli burocratici che pervadono quasi ogni sfera della vita, messe in scena ambiziose, pettegolezzi incessanti, voyeurismo e teledipendenza.

Ma anche se il carattere mercificato della sessualità modella le relazioni umane nelle società occidentali del benessere, bisogna concludere per questo che l'antropologia freudiana non abbia ormai piú motivo di esistere? Se si considerano piú attentamente i pazienti che al giorno d'oggi richiedono un trattamento per disturbi psicosomatici, conflitti nevrotici o disturbi di personalità – e che, pur rappresentando la parte piú sana della popolazione, sono sintomo, nel loro malessere, della maggioranza che non è in trattamento –, si avverte ben presto la loro difficoltà a lasciarsi andare davvero in un rapporto, e dunque l'impossibilità di vivere la sensualità, l'erotismo, la sessualità, il conflitto, la delimitazione e la creatività, che ne sono parte integrante.

Disturbi sessuali e angoscia di prossimità.

«Posso andare a letto e provare piacere solo con gli uomini cui non importa nulla di me – appena un uomo si innamora di me, ne ho abbastanza e non sento piú nulla per lui –, perciò mi getto nel lavoro; è qui che mi sento riconosciuta e amata», dichiara una paziente di trent'anni. Nella psicoanalisi orientata sulla psicologia delle pulsioni, una condizione del genere è considerata espressione di un problema edipico: l'uomo deve restare irraggiungibile; la distanza psichica serve a difendersi dalla prossimità che, priva di questa misura di difesa, assumerebbe troppo rapidamente una colorazione incestuosa; una definizione di sé venata di masochismo comporta, in ogni caso, il mantenimento di una distanza e il diniego di qualsiasi assunzione di responsabilità, in quanto partner dotato di uguali diritti; e comporta, inoltre, la punizione per avere fin dall'inizio violato il tabú, visto che in maniera inconscia l'uomo di turno rappresenta sempre il padre. La paziente mantiene anche un'illusione a tale riguardo; perché se arrivasse a stabilire una relazione duratura con un uomo, si manifesterebbe in lei ben presto un grave disturbo nella sfera dei comportamenti di abnegazione.

Gli psicoanalisti che si riferiscono alla psicologia del Sé partono invece dal grave deficit nel sentimento dell'autostima: chi rifiuta se stesso a tal punto, non può sopportare di essere amato e considerato. La prossimità dà angoscia non per il pericolo di incesto, ma perché rappresenta un pericolo di frammentazione per un Sé poco sviluppato. Per poter amare, per poter vivere emozioni passionali e sensuali, è necessario un Sé forte che possa accogliere sentimenti intensivi, che possa sopportare nostalgia, privazione e rifiuto senza precipitare nella disperazione o nell'ira.

I teorici delle relazioni oggettuali, che si richiamano a Melanie Klein, Donald Winnicott e Margaret Mahler, cosí considerano la caratteristica scissione di questa donna: se può godere sessualmente non può fidarsi, e viceversa. Evidentemente, questi due aspetti della sua esperienza di sé non possono essere integrati, e di conseguenza anche gli uomini devono essere suddivisi in uomini «sessuali» e uomini «innamorati». L'elemento unificante, costitutivo di identità, sembra esserle precluso. La presenza di un uomo che si mostri in maniera globale e unitaria – in quanto essere che desidera e penetra sessualmente, e insieme premuroso e affettuoso – è troppo potente per lei, quasi le mancasse il coraggio interiore di affermarsi di fronte a lui, di vivere nella limitazione che il partner imporrebbe al suo essere-determinato. L'autoindividuazione, la capacità di separarsi, comincia presto nella vita; un dialogo disturbato nel rapporto madre-bambino ostacola il buon esito della separazione, dando origine a un doloroso senso di colpa per la separazione. Se la paziente si innamora di uomini irraggiungibili, il rapporto con la madre non è minacciato. La paziente sacrifica una parte della propria felicità alla fedeltà verso la madre.

Gli psicoanalisti che si basano sui risultati della ricerca sulla prima infanzia e l'attaccamento, constatano l'insicurezza nell'attaccamento e il dialogo affettivo disturbato. Chi interiormente è sempre sul punto di scappare, non appena si presenti la piú piccola inquietudine, dimostra che sono molto ridotte la sua disponibilità e la sua sicurezza nell'attaccamento: nel primo dialogo madre-bambino non ha imparato, evidentemente, ad affrontare gli affetti e ad acquisire da ciò un sentimento delle proprie capacità di competenza. Quindi, separarsi dagli uomini resta una forma di difesa da un attaccamento e da una dipendenza troppo forti; è *lei* che fugge e abbandona, quando l'attaccamento degli uomini diventa troppo forte ai suoi occhi.

Gli psicoanalisti che fanno riferimento alla psicologia sociale e alla sociologia considerano, accanto alle dimensioni cui abbiamo accennato, la diffusione di fenomeni giudicati come «disturbi» e «malattia». Perché questo tipo di esperienza interiore è relativamente assai diffuso? Nella perdita di sicurezza nell'attaccamento si esprimono forse le esperienze di determinate generazioni, come quelle della «generazione sradicata del dopoguerra»? Oppure l'uomo contemporaneo non è affatto modellato in maniera cosí profonda dalle esperienze dei propri genitori, ma è condizionato molto di piú dagli influssi della società contemporanea del consumo e dello spreco? La tendenza sempre maggiore al conflitto psichico, in un mondo che diviene sempre piú convulso, orientato solo verso la massimizzazione di esperienze superficiali, svaghi e divertimenti per il tempo libero, non può non lasciare tracce nell'uomo. Il sociologo Norbert Elias non ci ha insegnato, forse, che i controlli sugli affetti dell'uomo stanno diventando sempre piú forti? Il cognitivo nella sua astrattezza, i mondi virtuali vissuti a livello mentale, quali dimensione unica di esperienza, saranno forse il destino dell'uomo del futuro, in un mondo rivestito di cemento e cablato dalle tecnologie della comunicazione?

La totalità dell'esperienza psichica.

Fin dai suoi esordi, la psicoanalisi si è opposta allo smembramento dell'esperienza psichica in singole facoltà come pensiero, percezione, volontà, emozione e motivazione, quasi avesse presagito i segni della frammentazione dell'epoca contemporanea. Essa ha sostenuto una concezione globale dello psichico. Il comportamento umano non si limita a seguire intenzioni razionali, ma è motivato da emozioni e da desideri sensuali che, a causa della socializzazione, sono accessibili solo in forma limitata alla comprensione consapevole di sé di ogni individuo. Non è possibile, di norma, pensare senza affetto, allo stesso modo in cui sentimenti e passioni sono inconcepibili senza l'assunto di una struttura cognitiva sottostante. Se oggi questo approccio globale e unitario allo psichico suscita in molti irritazione e rifiuto, ciò è dovuto all'ideologia dominante, che ha imposto l'isolamento dei campi di esperienza interiore. Perciò ci si stupisce se viene sviluppata una modalità di pensiero come l'intelligenza emotiva, celebrata come la piú recente scoperta nel campo psichico. Mentre la psicologia accademica, ingenuamente arroccata dietro l'ideologia dominante, ha isolato come un nevrotico ossessivo il pensiero dall'affetto e in seguito, in un ulteriore passo (verso la guarigione), si è arrovellata per anni alla ricerca di una possibile correlazione tra conoscenza e desiderio, la psicoanalisi si è sempre mantenuta sulle tracce della totalità della vita psichica. Anche se la metafora, oggi corrente, della teoria dell'informazione fa sembrare obsolete le idee meccanicistiche ed energetiche della dinamica delle pulsioni, anche se si può riconoscere che i bisogni di sicurezza e di attaccamento e altre forme di sensualità, diverse da quelle squisitamente sessuali, sono comunque importanti per il vissuto umano, il concetto freudiano di libido e di aggressività non è per questo del tutto superato. Le azioni e le esperienze interiori dell'uomo – che si tratti di prendersi cura degli altri con abnegazione ed empatia, di freddo spirito di ricerca, di pensiero politico o di espressione artistica – sono legate a immagini e a metafore che, in senso lato, sono intessute di sessualità e di aggressività. Senza passione non v'è pensiero realmente creativo; senza rivalità, manca ogni capacità di affermazione; senza sogni sensuali, non vi è alcuna felicità.

La sessualità, nel significato piú ampio inteso da Freud, è in fin dei conti un'esperienza che non ci abbandonerà mai del tutto, non solo perché la sua natura profondamente enigmatica ci pervade in virtú delle esperienze vissute nell'infanzia e negli anni successivi, ma anche perché, insieme all'aggressività, rappresenta il primo fondamento della nostra vitalità, che può essere considerata un continuo susseguirsi di stati di fusione e di separazione.

Le teorie motivazionali nella versione moderna, come quella di Lichtenberg, fanno apparire obsoleta la teoria classica delle fasi pulsionali orale, anale, fallico-clitoridea e genitale, ma corrono il rischio – nonostante la loro progressiva differenziazione e il loro prestarsi ad analisi operazionali – di trascurare un dato fondamentale: sebbene i bambini durante la crescita non siano impegnati esclusivamente con i propri impulsi d'azione sessuali e aggressivi, ma regolino anche bisogni fisiologici, esplorino il proprio ambiente ed esprimano il bisogno di contatto e di attaccamento, tutto questo si svolge in un ambiente familiare. Gli adulti reagiscono in maniera diversa, con la propria sensualità e sessualità, alle manifestazioni della vita infantile; per esempio, considerano viziato il bambino troppo attaccato alle gonne della madre, oppure sviluppano fantasie di punizione sadico-aggressive verso il bambino che afferma la propria volontà. In fin dei conti, la teoria della motivazione di Lichtenberg, che si definisce psicoanalitica, è inadeguata a spiegare psicologicamente la realtà familiare, anche se, dal punto di vista della psicologia individuale, egli ha tracciato una delimitazione esatta dei diversi sistemi di motivazione.

VI. Psicologia sociale psicoanalitica e teoria della civiltà

Come spiegare il fatto che molte persone si sottomettono a costrizioni sociali umilianti, che le fanno ammalare, sebbene la ragione suggerisca loro qualcosa di meglio? Perché accettano sempre condizioni di irrazionalità distruttiva, nonostante desiderino una vita piú sensata e spesso abbiano anche un'idea di come poterla realizzare? Perché accettano uno sviluppo sociale nel quale sempre piú ci si ammala psichicamente oppure si perdono il lavoro e la dignità?

Senza dubbio a Freud premeva molto liberare il singolo paziente dalla sua miseria nevrotica, ma era interessato ancor piú a scoprire in che modo la nevrosi del singolo sia determinata dalla società e dalle sue istituzioni. La sua teoria dell'emancipazione non si concluse quindi con l'individuo, ma al contrario cercò di comprendere il condizionamento sociale operato dalla civiltà. In quanto esseri civili, gli uomini sembrano necessariamente soggetti a misure e a sanzioni che richiedono il contenimento delle loro pulsioni e un comportamento sociale adeguato. Ma, a differenza dei sociologi che non vedevano alcun problema nel rapporto tra individuo e civiltà, Freud prese spunto dalle nevrosi, che si manifestano cosí frequentemente nella società, per riflettere sul disagio della civiltà. È possibile immaginare istituzioni sociali che non siano cosí ostili alle pulsioni come quelle esistenti, che determinino quindi una minore rimozione delle pulsioni, consentendo tuttavia la civiltà?

Nell'affrontare questi interrogativi, Freud diventò necessariamente critico nei confronti della civiltà. E cosí, all'età di cinquantaquattro anni, nell'opera *Le prospettive future della terapia psicoanalitica* scrisse (1910, p. 203):

> La società non avrà fretta di riconoscerci un'autorità. Essa è destinata a opporci resistenza perché noi abbiamo un atteggiamento critico nei suoi confronti; noi le dimostriamo ch'essa stessa svolge una importante funzione nella causazione delle nevrosi. Nello stesso modo in cui ci rendiamo nemico il singolo scoprendo ciò che in lui è rimosso, cosí anche la società non può rispondere con cortese accoglienza alla spregiudicata messa a nudo delle sue insufficienze e dei danni che essa stessa produce; poiché provochiamo il crollo delle illusioni, ci si rimprovera di mettere in pericolo gli ideali.

La psicoanalisi è dunque un metodo che consente di indagare anche l'inconscio di una civiltà. In molti dei suoi lavori, Freud cerca di comprendere i problemi sociali della sua epoca. Per esempio, in *La morale sessuale «civile» e il nervosismo moderno* (1908), *Psicologia delle masse e analisi dell'Io* (1921), *L'avvenire di un'illusione* (1927), *Il disagio della civiltà* (1929). La critica della morale sessuale «civile», che si spinge fino alla critica delle religioni, caratterizza le tappe del dibattito freudiano sulle istituzioni della civiltà. La sua teoria della civiltà non può che essere definita critica, poiché si chiede se le istituzioni esistano per il bene dell'umanità oppure se non siano responsabili di sofferenze superflue per l'uomo. Le istituzioni esistenti non sono perciò accettate in maniera indiscussa, ma esaminate in base alla loro adeguatezza rispetto all'essere umano. Avendo dato tale orientamento al suo pensiero, si chiudeva per Freud un ciclo; quattro anni prima della sua morte, in un poscritto alla propria autobiografia, scrisse (1924b, p. 139):

> Dopo una diversione che era durata una vita, e che era passata attraverso le scienze naturali, la medicina e la psicoterapia, i miei interessi tornarono a quei problemi culturali che tanto mi avevano affascinato quand'ero un giovanetto imberbe, affacciatosi appena al mondo del pensiero.

Nazismo, conformismo sociale e ripresa della teoria psicoanalitica della società.

Gran parte degli psicoanalisti della prima generazione, come per esempio Siegfried Bernfeld, Bruno Bettelheim, Paul Federn, Otto Fenichel, Edith Jacobson, Annie e Wilhelm Reich, erano politicamente collocati a sinistra. Il nazismo e l'emigrazione negli Stati Uniti da una parte, la presa di distanza opportunistica degli psicoanalisti rimasti in patria rispetto ai colleghi comunisti come Wilhelm Reich dall'altra, condussero la psicoanalisi – secondo alcuni dei suoi critici – a una depoliticizzazione e a una notevole attenuazione delle intenzioni critico-culturali di Freud. Gli psicoanalisti sopravvissuti nella Germania hitleriana non furono, di norma, oppositori clandestini, come piú tardi alcuni di loro cercarono di presentarsi, ma al contrario conformisti, piú o meno uniformatisi all'ideologia nazista.

La psicoanalisi che negli anni Cinquanta e Sessanta fece ritorno in Germania dagli Stati Unti insieme ai jeans, a Topolino e alla Coca Cola, era solamente una teoria apolitica e un metodo terapeútico che aveva ampiamente smarrito il proprio impeto critico nei confronti della civiltà, venerava un ideale positivistico di neutralità scientifica e in ogni problema di teoria sociale ravvisava subito una tendenza ideologica. Solo la riscoperta degli scritti di Wilhelm Reich da parte del movimento studentesco, insieme ai lavori di Jürgen Habermas e di Herbert Marcuse, ispirati alla psicoanalisi, riportò quest'ultima al centro delle teorie politiche di emancipazione.

Ma la rottura con i temi trattati dalla psicologia sociale e dalla critica culturale freudiane può essere considerata anche da un altro punto di vista. Durante gli orrori del dominio nazista molti psicoanalisti e loro parenti furono inviati nei campi di concentramento; alcuni di loro furono uccisi. Ben quattro sorelle di

Freud persero la vita nei lager. La mostruosa irrazionalità del nazismo fece estinguere in pochi anni in Germania il movimento psicoanalitico e il suo progetto di rischiaramento. Finita la guerra, non fu piú possibile riallacciarsi a esso, il trauma era di dimensioni troppo grandi perché ciò avvenisse. Nella Germania del dopoguerra mancò inoltre un terreno di risonanza per una teoria critica della società. Il popolo tedesco sconfitto e umiliato aveva ben altro per la testa che affrontare i retroscena del fascismo hitleriano. Inoltre, le cause che avevano suscitato l'entusiasmo nei confronti di Adolf Hitler non furono affatto chiarificate o comprese; dietro il processo forzato di denazificazione, restarono segretamente attivi, in molti tedeschi, i presupposti caratteristici per l'identificazione con l'ideologia nazista. Dovettero trascorrere alcuni anni prima che una persona come Alexander Mitscherlich potesse parlare del comportamento inumano di alcuni medici del Terzo Reich e diagnosticare, insieme alla moglie Margarete, la mancata elaborazione del lutto da parte di molti tedeschi nella Germania del dopoguerra.

Un'educazione autoritaria, impensabile ai nostri giorni, che suscitava profondo odio e ferite nell'amor proprio, una subdola nostalgia per un padre forte e un fervore idealizzante quasi infantile – che tuttavia, in una cultura dominata da rigidi stereotipi di virilità, non si potevano mostrare apertamente –, una forte disposizione al pregiudizio, riconducibile in gran parte all'ira rimossa per un'educazione severamente repressiva nei confronti della sessualità – tutti questi fattori individuali, insieme all'offesa politica e alla minaccia economica, fecero sí che un intero popolo fosse disposto a lasciarsi sedurre dalla demagogia di Adolf Hitler.

Dai cosiddetti freudo-marxisti della prima generazione si passò, attraverso Erich Fromm, Theodor W. Adorno e Max Horkheimer, a un gruppo di sociologi e psicoanalisti francofortesi, come i citati Mitscherlich, Klaus Horn, Alfred Lorenzer e Helmut Dahmer, che, a partire dagli anni Settanta, si occuparono di una psicoanalisi di orientamento sociologico. I lavori piú noti sono soprattutto quelli di Mitscherlich, che nei suoi libri *Verso una società senza padre*, *Germania senza lutto* (scritto con la moglie Margarete Mitscherlich-Nielsen) e *Il feticcio urbano*, ha elaborato una critica sociale fondata sulla psicoanalisi divenendo cosí una sorta di coscienza critica dei tedeschi finché tale ruolo non è stato assunto, negli anni Ottanta, da Horst-Eberhard Richter.

La psicoanalista di Monaco Thea Bauriedl, nelle sue pubblicazioni, come *Die Wiederkehr des Verdrängten. Psychoanalyse, Politik und der Einzelne* («Il ritorno del rimosso. La psicoanalisi, la politica e il singolo») e *Das Leben riskieren* («Rischiare la vita»), ha sollevato la richiesta che la psicoanalisi venisse applicata alla politica, per poter arginare la violenza strutturale che da ogni parte circonda l'individuo. A tale scopo, è necessario che dietro le affermazioni che vengono sostenute si riconoscano gli aspetti inconsci dei processi e delle argomentazioni politiche, come, per esempio, la paura del cambiamento che si manifesta sul tema del disarmo o dell'abbandono dell'energia atomica, e che si discutano con coloro che detengono responsabilità politiche.

L'accusa di medicalizzazione e riduzione terapeutica.

La psicoanalisi critica nei confronti della società viene sostenuta solo da poche personalità? Nella loro stragrande maggioranza, gli psicoanalisti che insegnano e praticano la professione si comportano in modo tale da giustificare l'accusa di medicalizzazione e riduzione terapeutica della psicoanalisi? Con questi termini si è voluto intendere che gli psicoanalisti, dedicatisi sempre di piú all'aspetto terapeutico, hanno dimenticato l'intento originario di rischiaramento di Freud, e che la psicoanalisi deve essere insieme teoria delle nevrosi e teoria della civiltà. Ancora piú accentuata è la critica secondo cui una teoria, in origine sovversiva e rischiaratrice, è divenuta un bonario metodo terapeutico ormai affermato, uniformato alle linee direttive della cassa mutua, i cui rappresentanti dissentono da altre associazioni terapeutiche solo sul numero di ore necessarie per il trattamento, e al di fuori dei propri interessi di categoria non esprimono piú alcun potenziale critico nei confronti della società. Su questo tema, lo psicoanalista svizzero Paul Parin ha espresso i propri timori: a suo avviso, gli analisti tendono ad affrontare sempre meno gli scottanti problemi dell'epoca con gli strumenti della propria dottrina, strumenti che rendono consci i processi inconsci. Gli psicoanalisti attuali sarebbero solo integrati amministratori delle conoscenze ormai acquisite, e avrebbero smesso di elaborare problemi critici di psicologia sociale e di teoria della società.

A questo argomento si può obiettare che la complessità dei processi psichici rende necessario un apprendimento che dura anni, se non decenni. La psicoanalisi consiste non solo in una teoria della società, ma anche in una teoria clinica, nella psicosomatica, nella psicologia dell'età evolutiva, nella metodologia e nella tecnica del trattamento. I disturbi psichici presentano al giorno d'oggi un aspetto diverso e una dinamica psichica diversa da quelli della fine del XIX secolo, quando Freud esaminava i suoi pazienti isterici. Ciò esige un continuo perfezionamento in tutte queste discipline. Inoltre si deve considerare che non sono pochi gli psicoanalisti interessati a problemi di teoria della società, anche se non sempre da tale interesse nascono relazioni, libri o apparizioni televisive.

Per molti psicoanalisti la psicoanalisi clinica è di per sé una scienza emancipatoria, perché è sulle tracce degli autoinganni e può parlare di falsa coscienza, scoprendo la correlazione tra individuo e società, ed è in grado di descrivere e di indagare il processo di socializzazione in maniera molto piú sottile delle scienze sociali accademiche. La psicoanalisi ha accumulato, in poco piú di un secolo, un gran numero di conoscenze sulle relazioni intime tra genitori e bambini nella famiglia presso tutti gli strati sociali, ha indagato sulla dinamica di gruppi e di istituzioni, ha studiato gli effetti determinati dalle ideologie, dai sistemi di valori e dalle religioni, ha esaminato i conflitti tra il singolo e la comunità nei diversi sistemi sociali. Se la sua azione sull'ambiente sociale e sulla politica è stata poco dirompente ai fini di un cambiamento, come le rimproverano i suoi critici sociologi, ciò è dovuto a motivi diversi dalla sua riduzione terapeutica o dalla sua medicalizzazione.

Se ci si guarda un po' intorno e si sfogliano per esempio le pagine di «Psyche», la rivista psicoanalitica tedesca forse piú prestigiosa, si scopre un numero relativamente elevato di lavori sociologici e di psicologia sociale su importanti temi di teoria sociale, per esempio sulla minaccia nucleare, il movimento pacifista, il superamento e gli effetti del nazismo, l'antisemitismo, il radicalismo di destra, il nazionalismo, l'odio per gli stranieri e i diversi, la riunificazione tedesca, il terzo mondo, la tortura, la guerra e la disposizione alla guerra.

E anche i grandi temi tradizionali, come l'abuso di potere della chiesa che, con le sue pratiche di repressione sessuale e le sue campagne intimidatorie, ha determinato un gran numero di nevrosi ecclesiogene, o come gli effetti dei processi di trasformazione sociale sulla psiche umana, sono stati oggetto finora della critica culturale psicoanalitica.

Effetti delle trasformazioni sociali.

Il progresso tecnico-scientifico e lo sviluppo economico hanno prodotto negli ultimi centocinquant'anni, nelle società industriali altamente sviluppate, trasformazioni economiche e sociali i cui effetti sulla soggettività degli uomini hanno appena iniziato a essere studiati dagli psicoanalisti.

Dalle diverse tappe del processo di produzione industriale – dall'introduzione di macchine utensili alla catena di montaggio per la produzione di beni di massa, dalla organizzazione scientifica del processo lavorativo alla meccanizzazione complessa, automazione, cibernetizzazione e computerizzazione della produzione, negli ultimi tre decenni – emerge come un filo rosso l'interesse per un impiego sempre piú razionale della forza lavoro e per l'incremento della produttività. Anche nei processi di trasformazione verificatisi nelle attività di tipo amministrativo (dagli uffici della fabbrica all'elaborazione elettronica dei dati) vale il principio di una sempre maggiore razionalizzazione, sulla base di considerazioni di mera redditività. A prescindere dal fatto che questo rapido progresso scientifico-tecnologico non ha prodotto sostanziali miglioramenti nelle condizioni di vita e di lavoro della maggior parte della popolazione – molti si sono ritrovati disoccupati proprio in questi ultimi tempi – e che per decenni è stato per lo piú finalizzato a una crescita vertiginosa degli armamenti, gli effetti funesti di tale progresso si mostrano soprattutto nella coscienza e nel vissuto della maggior parte degli individui. L'orientamento della propria attività produttiva verso criteri economici stabiliti prevalentemente da terzi, come il rendimento del lavoro e il denaro corrisposto per esso, determina tendenzialmente la distruzione delle esperienze di solidarietà nel processo lavorativo e una strumentalizzazione di sé e una indifferenza sempre maggiori riguardo al prodotto del lavoro e alla propria capacità lavorativa.

L'opportunismo, di cui ci viene dato esempio su larga scala, e la dinamica egoistica del processo produttivo, orientato esclusivamente all'incremento del profitto, esigono anche nel piccolo un tributo; ogni uomo diventa tendenzialmente un *homo oeconomicus* che impara nel giro di un secondo a calcolare i propri vantaggi, giudica le relazioni interpersonali a seconda dell'utile che può trarne, ed è quasi incapace di provare cordialità e spontanea umanità. L'empatia, la comprensione per la vita e le sofferenze degli altri, diventa un'attività improduttiva, che si delega tranquillamente alle categorie professionali espressamente formate a tale scopo, anche se nello stesso tempo non si può fare a meno di denigrare, all'occorrenza, l'esistenza di queste professioni, nate per fornire sostegno e comprensione.

Tuttavia, la vita di questo *homo oeconomicus* esige anche alti costi: una vigilanza continua per non entrare troppo presto in concorrenza o essere truffati, la diffidenza nel curare i propri interessi, e in piú la condanna all'isolamento, al ripiegamento sul proprio Sé. Senza la televisione, senza la cosiddetta «comunicazione di massa», nella quale gli uomini diventano muti spettatori pur di prendere parte almeno in questo modo alla vita degli altri, l'esistenza sarebbe per molti pressoché insopportabile.

Thomas Leithäuser ha parlato di un «impoverimento della vita quotidiana», intendendo con questa espressione l'estinzione delle forme di convivenza sociale che non obbediscono agli imperativi della ragione strumentale. Se per esempio si confronta la passeggiata di una città dell'Italia meridionale con le strade cupe, tutte ferro e cemento, di una città dormitorio della Germania, si comprende immediatamente che le forme di vita e di relazione degli uomini sono limitate a quelle strettamente necessarie dal punto di vista economico. La capacità umana di fantasticare e di vivere interiormente avvizzisce in quella che Herbert Marcuse ha definito la coscienza a una dimensione, e diviene dunque il tratto piú importante del carattere sociale moderno.

Una caratteristica fondamentale del vissuto dell'uomo contemporaneo è inoltre la linearità della misurazione del tempo. Senza dubbio, già con la diffusione dell'orologio alla fine del Medioevo si era annunciata una nuova concezione del tempo all'interno della civiltà europea, ma è solo con lo sviluppo dell'industrializzazione che è cominciata una radicale ristrutturazione dell'esperienza del tempo. Il tempo lineare, imposto soprattutto dall'estrema economizzazione e sincronizzazione dei processi di lavoro industriali, si distingue in maniera fondamentale dal tempo ciclico, determinato dal ritmo dell'anno e dipendente dalle leggi della natura.

La concezione lineare, quantitativa, del tempo comporta l'incapacità di vivere interiormente il tempo qualitativo. La straordinarietà e unicità del singolo attimo non possono piú essere percepite, e l'incapacità di avvertire ciò che è straordinario qualitativamente – incapacità che si instaura già nell'infanzia – rappresenta, in sostanza, una interdizione primaria della vitalità. Prigionieri della propria esperienza patologica del tempo, i genitori non riescono a «lasciar stare», semplicemente, il proprio bambino, e cercano continuamente invece di educarlo a determinati obiettivi, proiettati in avanti. In seguito, data l'esperienza del tempo lineare, diviene importante solo il raggiungimento di un obiettivo futuro, mentre il cammino per realizzarlo non viene percepito che quale tappa provvisoria da sopportare faticosamente. Ma come il desiderio di denaro, che può avere soltanto un incremento quantitativo, non ha mai fine, cosí anche la preparazione a mete sempre nuove non ha mai fine, sicché il presente è destinato ad essere di volta in volta praticamente svalutato, perché gli obiettivi futuri ancora non sono stati raggiunti.

Lo Stato moderno, tecnocratico e interventista, deve legittimare il continuo espandersi delle proprie funzioni nella politica e nell'amministrazione. Perciò, secondo Jürgen Habermas, è costretto a giustificare l'aumento delle proprie ingerenze assicurando il consumo di massa e le prestazioni dei servizi sociali. Mentre il capitalismo liberale concorrenziale suggeriva al soggetto borghese la libertà di produrre in maniera imprenditoriale e la facoltà di sviluppare se stesso, nella società contemporanea la libertà consiste principalmente, per la maggior parte delle persone, nel consumo e nel ricorso alle prestazioni assistenziali. Dal punto di vista psicoanalitico, il «bonapartismo assistenziale» determina tendenzialmente la regressione ad atteggiamenti orali di attesa, simili all'ordine «apparecchiati, tavolina» della fiaba, come hanno spiegato Alexander Mitscherlich e Klaus Horn. Lo Stato appare onnipotente, una sorta di madre primordiale, da cui tutti i cittadini dipendono. La conseguente infantilizzazione si incontra con l'attività di intervento dello Stato, tanto che si è parlato anche di una progressiva organizzazione e asservimento della natura intima dell'uomo. Horn ha formulato la tesi secondo cui lo Stato moderno tecnologico produce intelligenze tecniche sviluppate, ma dotate di una vita psichica piuttosto primitiva; il diritto all'assistenza, ormai dominante, produce apatia nei confronti della casta dei politici e dei tecnocrati. Da questo punto di vista, l'attuale crisi dello Stato sociale rappresenta un'occasione per individuarsi rispetto alla madre primordiale infantilizzante e divenire piú attivi a livello politico.

Il blocco affettivo e la povertà di sentimenti, che sono stati descritti come i sintomi prioritari dei disturbi psicosomatici dell'epoca contemporanea – noti sotto il termine di alexitimia –, devono essere considerati, tendenzialmente, una caratteristica ubiquitaria di chi vive nelle società industriali altamente sviluppate. Non è solo negli individui affetti da disturbi psicosomatici o funzionali che si nota una estrema strumentalizzazione del proprio corpo, considerato una macchina da prestazione.

Anche se gli adulti presagiscono oscuramente molto di quanto è stato detto, predominano comunque il diniego e la calma apparente prodotta dalla rimozione. Ma nella cosiddetta crisi di identità dei giovani, gli psicoanalisti hanno intravisto un indicatore sensibile di un disagio piú vasto: la vita quotidiana organizzata e pianificata nel tempo, il mondo del lavoro alienato e prigioniero di coercizioni tecniche e istituzionali, le città ormai inospitali, i danni all'ambiente, il minaccioso impoverimento del pianeta non rendono piú attraente il futuro, ha scritto Paul Parin alcuni anni fa.

Di conseguenza, per la gioventú non ci sono piú desideri che si possano ragionevolmente realizzare e dunque non c'è piú nessuna vera identità. Per questo motivo, fa sperare il fatto che giovani impegnati e giovani adulti esprimano a voce alta il loro disagio e la loro protesta e sostengano con la loro critica l'assoluta necessità di riorganizzazione della società. I risultati di un'inchiesta sull'intesa generazionale, condotta alcuni anni or sono fra i giovani tra i diciotto e i trentacinque anni di età, sono particolarmente rivelatori: «Non vogliamo piú sgobbare solo perché voi continuiate a spassarvela a nostre spese. Avete riempito la Terra di bombe atomiche e di armi chimiche. Avete distrutto i boschi. Avete avvelenato i nostri fiumi e appestato l'aria che respiriamo. Avete contaminato il nostro cibo. Avete costruito le centrali atomiche lasciandoci in eredità le scorie radioattive. Ci avete rovinato il mondo e rubato il futuro. Dopo il crollo del 1945, avevate la possibilità di costruire un nuovo mondo. E che cosa avete fatto? Invece di rielaborare il passato, lo avete rimosso. Vi siete dati a uno sfrenato feticismo consumistico, senza pensare alle generazioni seguenti che ora devono pagare i conti».

Se si intendesse questa accusa solo come rivolta edipica e ingiustificata contro la generazione piú vecchia, o come espressione di fantasie giovanili di onnipotenza, miranti a fare meglio qualunque cosa in questo mondo, a risolvere ogni problema e ad agire in maniera del tutto diversa dagli adulti, liberandosi dei loro limitati orizzonti, si negherebbe anche lo spazio creativo che le «società calde» preparano per la gioventú, come ha sostenuto l'etnopsicoanalista Mario Erdheim sulla scorta di Claude Lévi-Strauss. Da questo punto di vista, il progresso culturale è possibile solo se l'esistente può essere messo sempre in discussione. Che ciò sia assolutamente necessario, allo stato attuale, è noto non solo agli psicoanalisti.

Piani di analisi nella psicologia sociale psicoanalitica.

Anche se Freud si arrestò a metà strada nella critica della falsa morale sessuale del suo tempo, e cioè non fece delle strutture socioeconomiche che la determinano l'oggetto specifico della propria indagine, pose tuttavia i fondamenti di una psicologia sociale psicoanalitica.

Successivi ricercatori hanno rimproverato a Freud di aver scambiato i piani di analisi, quando tentò di spiegare con le categorie della psicologia individuale (per esempio con la tendenza alla rimozione, tipica dell'individuo) fenomeni sociali che devono invece essere inquadrati in un diverso piano di riflessione. In un'indagine psicoanalitico-sociologica è necessario considerare diversi piani di analisi: 1. Il piano interpersonale. In questo senso la psicologia individuale è per Freud, fin dall'inizio, anche una psicologia sociale: l'esperienza intrapsichica è sempre codeterminata anche a livello interpersonale. 2. L'influenza esercitata dalle condizioni sociali sul comportamento e sul vissuto. Come agiscono sull'individuo i fattori religiosi, politici, economici, che si trasmettono attraverso la socializzazione familiare e scolastica? Le variabili non psicologiche devono essere a ogni modo definite con la logica e la metodica inerenti alle specifiche discipline, perciò non si può parlare, per esempio, di una «società depressa». 3. L'influenza dell'individuo sulle condizioni sociali. L'uomo non è solo oggetto, ma anche soggetto della propria storia; egli può retroagire su ciò che lo condiziona, ma nel fare ciò deve tener presente la dinamica propria dei movimenti economici e culturali. 4. L'influenza reciproca di gruppi o nazioni. Invece di una diade, come al primo punto già menzionato della psicologia sociale, sono ora in discussione i processi di condizionamento tra piú individui, come per esempio nell'indagine macrosociologica sullo scontro tra etnie diverse. Anche su questo piano di analisi deve essere considerata la dinamica propria delle peculiarità sviluppatesi a livello storico, culturale e religioso, per evitare sterili psicologismi.

«La voce dell'intelletto è fioca».

Scriveva Freud nell'opera *L'avvenire di un'illusione* (1927, p. 482):

> La voce dell'intelletto è fioca, – – ma non ha pace finché non ottiene udienza. Piú e piú volte pervicacemente respinta, riesce alla fin fine a farsi ascoltare. Questo è uno dei pochi punti che consentono un certo ottimismo per l'avvenire dell'umanità, e di per sé non è di scarsa importanza.

Freud intese la psicoanalisi come scienza riflessiva, che parte dalla prassi concreta della vita dell'uomo, dal suo quotidiano, e in forza della riflessione critica cerca di agire sulla prassi alienata della vita, modificandola. Ma che cosa rappresenta, al giorno d'oggi, la voce dell'intelletto? Se Freud perseguí lo scopo di fare chiarezza, di conseguire, cioè, una razionalità piú ampia e consapevole, bisogna chiedersi che cosa debba garantire la razionalità dell'Io: forse il calcolo logico di una élite tecnologica? Chi compra un PC troppo tardi è punito dalla vita, recita lo slogan di una pubblicità. La razionalità, al giorno d'oggi, consiste forse nel partecipare alla rete informatica per scambiare informazioni sempre piú rapidamente? Oppure la voce dell'intelletto è da intendere come ragione capace di dialogo, la ragione di persone in grado di amare e di discutere criticamente, non avendo ancora smarrito del tutto il legame con le proprie radici naturali e con le proprie tradizioni consolidate?

VII. La ricerca nella psicoanalisi

Si è sempre rimproverato alla psicoanalisi di non avere sottoposto le sue ipotesi a verifica empirica. La psicoanalisi è stata definita come ostile alla ricerca perché, si è detto, si è sottratta a ogni indagine e difesa contro ogni critica: in determinati ambienti, questa accusa è stata ribadita periodicamente e monotonamente, come in un rosario. La giovane psicologia clinica, tesa a definirsi come scienza sperimentale e a lungo votata al behaviorismo, ha allontanato la psicoanalisi dalla maggior parte delle facoltà tedesche. Dato che la psicoanalisi nel 1970 è stata inserita tra le discipline di psicoterapia e psicosomatica del piano di studi obbligatorio di medicina, e gli psicoanalisti sono divenuti dirigenti dei rispettivi dipartimenti delle facoltà di medicina in Germania, molti hanno associato la psicoanalisi alla facoltà di medicina, il che ha offerto un ulteriore pretesto per svalutarla in quanto forma terapeutica elitaria. Si è sostenuto che la psicoanalisi non ha nulla a che fare con la ricerca empirica, alla quale verrebbero invece espressamente formati gli psicologi.

A parte il fatto che nel muovere questo rimprovero si parte da una concezione dell'esame empirico troppo limitata, il rimprovero stesso non è esatto. Tra le scienze umane, la psicoanalisi è anzi una delle teorie che nel Novecento sono state maggiormente indagate dal punto di vista empirico; ma gli psicoanalisti non hanno sempre avuto di che rallegrarsi a proposito del modo in cui giovani dottorandi, privi di esperienza, hanno ridotto situazioni teoriche complesse a variabili e situazioni indagabili in maniera sperimentale. Da qualche tempo tuttavia prevalgono problematiche piú ambiziose, metodiche piú intelligenti e *design* migliori. Rispetto alla ricerca clinico-ermeneutica, svolta in diversi luoghi del mondo, che si avvale di una grande varietà di esperienze cliniche, la ricerca empirico-sperimentale rappresenta indubbiamente solo una piccola parte. Bisogna sottolineare, tuttavia, che al piú tardi a partire dalla nascita della psicologia dell'Io, gli psicoanalisti hanno instancabilmente svolto esperimenti e impiegato reattivi e metodi osservativi.

Ulrich Moser, di Zurigo, è stato uno dei primi ricercatori psicoanalitici ad effettuare, fin dalla fine degli anni Sessanta, una simulazione al computer dei meccanismi di difesa. La ricerca naturalistica, per esempio nella psicologia psicoanalitica dell'età evolutiva, reca l'impronta della personalità di ricercatori empirici come Anna Freud, René Spitz, Peter Wolff, Anne-Marie e Joseph Sandler, Margaret Mahler, Louis Sander, Daniel Stern. La ricerca sul processo psicoanalitico, nella quale si è distinto in Germania soprattutto Horst Kächele, rappresenta addirittura una delle punte avanzate della psicoanalisi di orientamento empirico-statistico, impegnata, in misura sempre maggiore, nella verifica delle sue teorie mediante approcci multimetodici. La «Zeitschrift für psychosomatische Medizin und Psychoanalyse», pubblicata da oltre quarant'anni, e la rivista «Psychoanalitic Psychology», nata nel 1985, contengono prevalentemente articoli basati su ricerche empirico-statistiche.

Piú avanti presenteremo alcuni lavori di ricerca esemplari della psicoanalisi contemporanea. Per non diffondere l'errore che la ricerca empirica consista solo nell'esecuzione di esperimenti, nella pratica dei test e nella compilazione di questionari – sarebbe, questa, una concezione troppo limitata e ormai insostenibile di ricerca empirica –, saranno menzionati anche lavori di ricerca condotti con procedimenti qualitativi e specificamente psicoanalitici. La ricerca non è fatta solo di verifiche, ma anche di una cospicua formulazione di teorie e di concetti: di essa è ugualmente parte integrante la dimensione storica delle scienze.

Epidemiologia psicoanalitica.

Con quale frequenza si manifestano le malattie psicogene nella popolazione tedesca? È psichicamente malato un tedesco su cento, uno su dieci o addirittura uno su tre? Ci sono correlazioni con l'età, il sesso, la condizione sociale? A queste domande cerca di rispondere la ricerca epidemiologica. Grazie a un ambizioso progetto, iniziato nel 1978 da Heinz Schepank dell'Istituto centrale di salute psichica di Mannheim, insieme a collaboratori come Matthias Franz, Bernhard Janta, Gerhard Reister, Wolfgang Tress, oggi, dopo diciotto anni di ricerca, è possibile dare per la prima volta una risposta esatta a tali domande.

In questo studio sul campo di tipo epidemiologico, orientato alla psicologia del profondo – il piú ampio e impegnativo mai realizzato –, furono scelti a caso, tra i cittadini tedeschi della città di Mannheim, duecento soggetti nati nel 1935, nel 1945 e nel 1955, e furono esaminati da esperti terapeuti psicoanalisti con l'aiuto di test e di interviste di tipo psicoanalitico. A differenza delle popolazioni di pazienti ricavate dalle statistiche delle cartelle mediche, questa indagine consentiva di formulare conclusioni sulla distribuzione effettiva (al contrario di quella relativa a pazienti sottoposti a trattamento) e di fornire indicazioni sulla percentuale delle persone con disturbi e quadri clinici che non sono in trattamento. Il team di Mannheim si concentrò espressamente sui disturbi psicogeni, quindi non si pose come obiettivo di ricerca la morbilità psichiatrica complessiva (della quale fanno parte anche le psicosi), e giunse al seguente risultato: in totale il 26 per cento della popolazione soffriva di un disturbo serio, determinato da malattie psichiche, e in linea di principio bisognoso di trattamento. Si riscontrarono in particolare per il 7,2 per cento psiconevrosi, per il 5,7 per cento nevrosi caratteriali (vale a dire disturbi di personalità), per l'1,5 per cento malattie da abuso di sostanze (soprattutto alcolismo) e per l'11,6 per cento malattie psicosomatiche (per esempio disturbi cardiocircolatori, disturbi funzionali della muscolatura e del sistema scheletrico). L'età non aveva che un ruolo secondario: le malattie psicosomatiche si riscontravano un po' piú frequentemente nel gruppo dei nati nel 1935; disturbi narcisistici della personalità un po' piú spesso nei nati nel 1955, che al momento della prima indagine avevano venticinque anni. Differenze piú nette risultarono riguardo al sesso: tra le donne si registrò una quota decisamente piú alta di casi. I soggetti con uno status socioeconomico piú basso mostravano comunque un'incidenza piú alta di disturbi psicogeni.

Gli autori dello studio non resero piú semplice il compito di diagnosticare un disturbo psicogeno. Era necessario raggiungere un determinato punteggio per poterlo fare. Circa un quarto dei soggetti esaminati non raggiunse quel valore, ma era da considerarsi senz'altro come un gruppo a rischio.

L'obiettivo della ricerca non può essere quello di curare il 26 per cento dei malati di disturbi psicogeni (e magari addirittura il gruppo a rischio), e per diversi motivi non sarebbe nemmeno possibile. È importante, piuttosto, considerare seriamente i processi psichici e prestare loro almeno la stessa attenzione che viene prestata alle malattie e ai fattori fisici, unitamente alla prevenzione delle malattie psichiche. Non sono solo gli psicoanalisti, ma anche molti altri ricercatori, a ritenere che questo obiettivo si possa raggiungere in maniera ottimale solo se saranno realizzati cambiamenti fondamentali nel nostro modo di vivere.

Dato che in Germania il disturbo psichico viene molto spesso considerato come segno di una vita priva di valore o come una simulazione, e alcuni giornali criticano continuamente gli psicoterapeuti, minimizzano la serietà dei disturbi psichici e dichiarano i fattori patogeni di socializzazione risalenti all'infanzia e alla giovinezza una *quantité négligeable*, molte persone che vivono l'esperienza, già di per sé vergognosa, di «non essere del tutto normali dal punto di vista psichico» sono rese in questo modo ancor piú insicure. Di conseguenza, non si informano adeguatamente sulla possibilità di sottoporsi a un serio trattamento psicoterapeutico, e sperano che il proprio disturbo in qualche modo «si estingua», il che però determina in moltissimi casi la cronicizzazione della loro sofferenza. Un'altra eventualità è che le persone affette da disturbi psichici seguano un guru della psiche o aderiscano addirittura a delle sette, scelta che in pochissimi casi conduce a una guarigione e che ha prima o poi l'effetto di farle allontanare deluse da tutto il «campo psichico».

La psicologia psicoanalitica dell'età evolutiva.

Con la teoria delle fasi dello sviluppo psicosessuale, Freud ha posto nel 1905 i fondamenti della psicologia dell'età evolutiva; da allora molti psicoanalisti si sono occupati dei problemi inerenti a questo campo. Uno dei primi lavori ad aver considerato lo sviluppo cognitivo del bambino è stato la ricerca di Sandor Ferenczi sulle *Fasi evolutive del senso di realtà*.

Peter Fonagy, che lavora al College University e al Centro Anna Freud di Londra, ha studiato a fondo le cause e le modalità con cui il comportamento di attaccamento viene trasmesso a livello transgenerazionale. A questo scopo cento madri e cento padri in attesa del loro primo figlio furono esaminati con l'*Adult Attachment Interview* di Mary Main nell'ultimo trimestre di gravidanza delle madri, mentre i loro bambini vennero seguiti – secondo il carattere longitudinale dell'indagine – in diversi momenti della crescita (un anno, diciotto mesi, cinque anni e mezzo, sei anni) e valutati rispetto a una serie di variabili, come il comportamento di attaccamento, lo sviluppo sociale e cognitivo, stranezze nel comportamento e nell'emotività.

In modo sorprendente, si osservò che la variabile «risposta empatica ai bisogni di attaccamento del bambino» poteva spiegare solo una percentuale relativamente piccola della varianza (il 7 per cento). Fonagy pensò quindi di indagare in maniera piú approfondita questa dimensione del comportamento, che da Bowbly in poi riveste un ruolo centrale nella ricerca sull'attaccamento. Ispirato da Mary Main, scoprí che la qualità delle facoltà metacognitive dei genitori ha un ruolo decisivo. Vale a dire che le madri e i padri sono in grado di comprendere in maniera adeguata gli stati psichici del proprio bambino (come bisogni, intenzioni, sentimenti, stati d'animo) non basandosi solo sul suo comportamento. La pura osservazione del comportamento e il porre domande non sono sufficienti per studiare queste correlazioni. Per una piú esatta determinazione delle capacità metacognitive, Fonagy misurò in termini operazionali la capacità che un genitore ha di farsi un'idea chiara e precisa di ciò che si svolge nel suo mondo interno e in quello del suo bambino. Emersero forti correlazioni tra la misura di questa capacità genitoriale e il comportamento infantile di attaccamento. Fonagy vede un parallelo tra la capacità di riflettere stati interni intenzionali e il concetto di Bion di «container» materno. Secondo tale concetto, la madre non si limita a riflettere sul proprio bambino le emozioni che lui avverte, come gioia, interesse o paura, ma cerca di fornirgli, oltre al riconoscimento dello stato emotivo, una spiegazione dell'origine del suo affetto e di trasmettergli in che modo si possa affrontare un'esperienza affettiva che suscita inquietudine. Le madri che nell'esperimento di Fonagy, per esempio, riflettevano fortemente le emozioni del bambino, ma ne erano anche sopraffatte e non sapevano affrontarle, avevano figli meno sicuri nell'attaccamento. Dal punto di vista psicoanalitico è di grande interesse anche il pensiero di

Fonagy secondo cui il bambino interiorizza come rappresentanza non il modo in cui la madre consola e tranquillizza, ma quello in cui pensa il proprio bambino e riesce a rappresentarlo nel proprio mondo interno. È come se il bambino dicesse a se stesso: «Mia madre mi ritiene capace di affrontare la mia intensità affettiva, e poiché posso essere sicuro di questo, imparerò a far fronte alla mia disperazione, alla mia rabbia, alla mia delusione».

Diagnostica psicoanalitica.

Sotto la direzione di Sven Olaf Hoffmann dell'Università di Magonza, un gruppo di lavoro costituito da ben trenta psicoanalisti e psicoterapeuti ha intrapreso il tentativo di sistematizzare concettualmente la diagnostica psicoanalitica, e di creare dei punti di contatto con i manuali diagnostici impiegati nella psichiatria e nella psicologia clinica, come l'ICD-10 (*International Classification System of Mental Deseases*) e il DSM-III/IV (*Diagnostic and Statistic Manual of Mental Disorders*). Dato che questi ultimi hanno un approccio prevalentemente descrittivo e fenomenologico, manca la psicodinamica, che è indispensabile per il pensiero psicoanalitico.

Il risultato degli sforzi di questo gruppo di lavoro è la cosiddetta diagnostica psicodinamica operazionalizzata (OPD), che deve consentire di raggiungere non solo una maggiore differenziazione diagnostica, ma anche una piú precisa indicazione e pianificazione terapeutica.

Naturalmente, già prima della OPD sono stati fatti degli sforzi per unificare le categorie diagnostiche. Gli psicologi dell'Io avevano elaborato già negli anni Cinquanta una *rating scale* per la valutazione delle diverse funzioni dell'Io, per poter operare una maggiore differenziazione all'interno delle diverse unità nosologiche. Il modello piú noto fu quello sviluppato da Otto

F. Kernberg per distinguere i diversi livelli di organizzazione della personalità; un gruppo di lavoro di Monaco ha ulteriormente differenziato il modello di Kernberg.

La OPD rappresenta un ampliamento e una riformulazione di questi diversi sforzi. Certamente all'interno della psicoanalisi c'è avversione per una catalogazione oggettivante che ignori la dinamica della coppia – dinamica che si esprime sempre in maniera situazionale e scenica – e nella quale chi formula la diagnosi diviene l'esperto superiore di fronte al «malato». Ma non bisogna ignorare che anche lo psicoanalista che non mette etichette a livello concettuale parte da una precomprensione diagnostica. In fin dei conti, egli può avvertire o percepire solo gli elementi per i quali possiede categorie concettuali. A tale riguardo, ogni tentativo di definire i criteri diagnostici in maniera piú precisa è utile anche ai fini di una maggiore differenziazione della percezione e di una migliore comprensione.

Gli elementi determinanti, o assi, della OPD sono: 1. l'esperienza interiore della malattia e i presupposti del trattamento; 2. la relazione; 3. il conflitto; 4. la struttura; 5. i disturbi psichici e psicosomatici. Sono soprattutto gli assi 2, 3 e 4 a costituire il contenuto psicoanalitico di questo sistema diagnostico. Cosí l'asse 2 include le categorie costitutive della relazione per la psicoanalisi, l'asse 3 il ruolo centrale dei conflitti interni e l'asse 4 la struttura psichica.

Per quanto riguarda l'asse della relazione, per esempio, la diagnostica psicodinamica operazionalizzata può essere ricondotta ai seguenti metodi psicoanalitici consolidati: il tema relazionale conflittuale centrale (CCRT), sviluppato già negli anni Settanta da Lester Luborsky, la diagnosi del piano di Joseph Weiss e Harald Sampson, la costellazione relazionale dei ruoli di Mardi Horowitz, l'esperienza del rapporto terapeutico vissuta dal paziente di Merton Gill e Irwin Hoffman e il modello maladattivo ciclico di Hans Strupp e Jeffrey Binder.

La terapia psicoanalitica a lungo termine.

La terapia psicoanalitica a lungo termine, di una durata di trecento ore e piú, rappresenta un processo terapeutico psicoanalitico spesso indicato. Un gran numero di relazioni descrivono terapie il cui corso ha avuto un esito positivo, ma sono noti anche casi in cui si sono verificate complicazioni, crisi, vicoli ciechi e interruzioni. Recentemente viene richiesto, non da ultimo per necessità politiche di ricerca, di affiancare a questa «cultura narrativa» una ricerca empirico-statistica relativa ai risultati. La critica che la psicoanalisi ha sempre rivolto a questo tipo di ricerca è che i metodi di misurazione finora disponibili, impiegati per la valutazione di altri procedimenti terapeutici, come la compilazione di scale di valutazione, hanno una forza di espressione troppo piccola rispetto agli effettivi processi di cambiamento, i quali, secondo il modo di vedere della psicoanalisi, non si manifestano solo nei tratti superficiali del comportamento e del vissuto, e si sottraggono perciò a un semplice autorilevamento per mezzo delle *rating scales*. L'inclusione aggiuntiva di procedimenti qualitativi consente, tuttavia, una maggiore precisione e profondità di analisi, e permette, inoltre, la comprensione di mutamenti strutturali.

Gerd Rudolf, della clinica psicosomatica dell'Università di Heidelberg, ha elaborato un promettente progetto di ricerca e realizzato i primi studi pilota. Il progetto è organizzato come studio multicentrico ed è condotto in collaborazione con gruppi di lavoro a Berlino e a Monaco. Sessanta terapie psicoanalitiche di lunga durata sono seguite in condizioni *naturali* di pratica clinica, vale a dire che esperti terapeuti conducono terapie su pazienti ambulatoriali che hanno una seria necessità di trattamento. In ciò lo studio si differenzia dalle tradizionali ricerche sull'efficacia, nelle quali, nell'ambito di tesi di laurea o di progetti di ricerca universitaria, il personale coinvolto tratta molto spesso secondo manuale un gruppo di pazienti omogenei, che viene poi confrontato con un gruppo di controllo di pazienti non trattati che presentano la stessa sintomatologia, per esempio un disturbo d'ansia. Un importante principio di questo studio, inoltre, è che lo spazio terapeutico resti protetto, che sia estraniato e danneggiato il meno possibile dagli interventi della ricerca.

I criteri di fondo per la valutazione della parte qualitativa saranno costituiti dalle descrizioni del processo psicoanalitico fatte degli analisti curanti e dalle interviste realizzate dai collaboratori del progetto. In questo ambito, l'attenzione sarà focalizzata soprattutto sui temi centrali della relazione del paziente, sui suoi conflitti psichici determinanti e sulle sue vulnerabilità strutturali; sulla messa in scena dei conflitti inconsci nel transfert e sulla forma in cui tali conflitti sono elaborati.

Nella parte quantitativa, vengono impiegati strumenti introdotti a livello internazionale, come la diagnosi psichica e socio-comunicativa (PSKB), elaborata da Rudolf alcuni anni fa, che viene rilevata mediante l'autovalutazione del paziente; la qualità della relazione di lavoro e le misurazioni dei campi di relazione, conflitto e struttura, seguono la diagnostica psicodinamica operazionalizzata (OPD). Le misurazioni sono previste a intervalli di sei mesi.

Per un sondaggio parziale, in aggiunta alla misurazione dei risultati conseguiti alla fine dell'analisi e un anno dopo, sono previste valutazioni sul ricorso al sistema sanitario (per esempio visite mediche), per poter in tal modo esaminare anche l'aspetto costi-benefici del trattamento psicoanalitico.

Questo studio consente non solo di stabilire quali processi di ristrutturazione specifici della psicoanalisi portino a risultati terapeutici positivi e di quale durata siano, ma permette anche di dichiarare quali risultati siano riscontrabili nelle analisi di tre ore e nelle psicoterapie di un'ora, orientate secondo la psicologia del profondo. Si attendono inoltre chiarificazioni sull'indicazione differenziale, vale a dire che sarà possibile stabilire per quali disturbi siano indicati determinati procedimenti psicoanalitici di trattamento, tra quelli menzionati; chi potrà trarre giovamento dalle terapie di un'ora; quale tipo di paziente necessiti di un'analisi piú assidua, di tre ore.

La teoria psicoanalitica della personalità e della motivazione.

Accanto ai test proiettivi in uso da molti anni nella diagnostica psicoanalitica, come il test di Rorschach e il test dell'appercezione tematica o il noto test di Giessen, creato da Dieter Beckmann e Horst-Eberhard Richter, sono stati sviluppati negli ultimi venti anni, soprattutto dagli psicoanalisti degli Stati Uniti, diverse dozzine di test, questionari di personalità e scale di valutazione, per esempio per l'individuazione di diversi fenomeni clinici come casi *borderline*, nevrosi ossessive, depressione, disturbi d'ansia, e inoltre per la determinazione dei singoli meccanismi di difesa, come la *Defense Mechanism Inventory*; tali tecniche sono state adattate all'area linguistica tedesca da Wolfram Ehlers e Uwe Hentschel.

Friedrich-Wilhelm Deneke, della clinica medica dell'ospedale universitario di Hamburg-Eppendorf, sviluppò negli anni Ottanta un inventario di personalità per la descrizione dei diversi aspetti del sistema narcisistico della personalità. Il suo inventario del narcisismo, che si riallaccia alle elaborazioni concettuali di Heinz Kohut e di altri ricercatori sul narcisismo, comprende diverse modalità di regolazione dell'esperienza di sé. Modalità di regolazione narcisistiche sono adottate da ogni persona per salvaguardare in maniera ottimale il senso dell'autostima. Solo l'uso esasperato e unilaterale delle modalità che determinano normalmente il bilanciamento ottimale fra condizioni di calma-equilibrio, libere da tensioni (soddisfacimento sensoriale, stabilità dell'autostima) da una parte, e stimolazioni affettivo-sensoriali (tensione, inquietudine, cambiamento) dall'altra, fa pensare a un disturbo narcisistico della personalità.

L'inventario, che contiene centosessantatre item, comprende diciotto scale che si possono riassumere in quattro fattori. Essi sono: 1. il Sé minacciato; 2. il Sé narcisistico «classico»; 3. il Sé idealistico; 4. il Sé ipocondriaco.

La dimensione 1, il Sé minacciato, comprende scale che permettono di individuare una grave instabilità nella regolazione dell'esperienza di sé. L'item 56, per esempio, è: «Spesso non vedo uno scopo per cui valga la pena di vivere». L'item 49 mostra in che misura il disturbo nella regolazione dell'autostima determini l'isolamento sociale: «Evito le feste perché mi sentirei comunque un estraneo e un diverso». Il modello narcisistico di regolazione del «ripiegamento arcaico» comprende nostalgie di pace infinita, come all'item 40: «Si dovrebbe poter volare come un uccello e lasciare sulla terra tutto ciò che tormenta e dà angoscia».

La dimensione 2, il Sé narcisistico «classico», è rappresentato da modelli di regolazione che consentono di riconoscere gli aspetti essenziali della personalità narcisistica descritta da Kohut e da Otto Kernberg: l'alto livello dell'autoriferimento, la marcata vulnerabilità patologica, il sentimento troppo elevato di sé, vale a dire la presunzione, il bisogno di gratificazione narcisistica e la dipendenza da essa, il servirsi degli altri per raggiungere i propri obiettivi e soddisfare i propri bisogni. Cosí, per esempio, l'item 80 è: «Gli altri si meraviglierebbero se sapessero quali doti sono nascoste in me». Udo Rauchfleisch, dell'Università di Basilea, ha confermato recentemente questo strumento di autovalutazione.

Un intento della psicologia psicoanalitica della motivazione è quello di dare una risposta alla domanda: che cosa «muove» l'uomo. Dopo che le teorie dualistiche di Freud sulla motivazione, come l'autoconservazione e la conservazione della specie, vale a dire la libido e la pulsione di morte, sono state giudicate troppo poco differenzianti, diversi ricercatori hanno elaborato ulteriori riflessioni su questo tema. Ispirato dalle ricerche di Lichtenberg e di Stern, Deneke ha tentato di rielaborare un ordine dimensionale dei diversi campi di motivazione. Partendo da otto campi di motivazione, le cui dimensioni sono fondate in maniera prevalentemente teorica (necessità fisiologiche di base, fame di stimoli/ricerca del piacere, sicurezza, aggressività/autoaffermazione, ripiegamento/passività, autonomia/autarchia, autostima/autoconferma, curiosità/esplorazione), ha sviluppato scale e item corrispondenti, e in una prima fase di ricerca ne ha stabilito l'attendibilità. Nonostante l'ampiezza limitata del sondaggio (duecentoquaranta psiconevrotici, ovvero pazienti psicosomatici) si sono potute calcolare in seguito le prime analisi fattoriali, e riconoscere dei trend; in tal modo si sono potute estrapolare quattro dimensioni in qualche modo stabili, denominate da Deneke nel modo seguente: 1. marcata stimolazione del piacere; 2. sicurezza; 3. vicinanza/attaccamento; 4. autoaffermazione.

In una terza fase sarà elaborato l'inventario delle motivazioni, attraverso un sondaggio di ampiezza $n = 1500$ pazienti – come nella elaborazione dell'inventario del narcisismo – e ne sarà determinata la validità.

Ora, le analisi fattoriali hanno forse inferto il definitivo colpo di grazia alla sessualità psichica? Niente affatto. Perché Deneke include nella dimensione da lui definita della «marcata stimolazione del piacere» non solo la curiosità per le esperienze in grado di cambiare la vita, il bisogno di stimolare la fantasia e la creatività, il desiderio ambizioso di successo, ma anche la ricerca del piacere sensuale-sessuale. In tutte queste motivazioni Freud avrebbe riconosciuto probabilmente l'espressione piú o meno diretta dell'organizzazione libidica della vita.

Con le analisi fattoriali è possibile individuare in modo statistico-matematico il numero e l'indipendenza di determinate motivazioni o dimensioni di fondo della personalità. Questa identificazione dipende sempre da ciò che lo scienziato ha assunto come item, sulla base di considerazioni teoriche preliminari; sotto questo aspetto, è trascurabile il fatto che Deneke, da esperto clinico e ricercatore, abbia considerato o meno un numero sufficientemente rappresentativo di bisogni primari dell'uomo. D'altronde, la struttura dei fattori rinvenuti si ricava sulla base dell'interpretazione teorica dei parametri statistici; per Deneke è stato illuminante il fatto che una interpretazione multifattoriale spiegasse un numero percentuale di dati maggiore rispetto all'assunzione, a titolo di prova, di due sole classi di motivazioni, come nell'ultimo dualismo pulsionale di Freud, quello di libido e pulsione di morte.

Dall'ottica della psicoanalisi si può obiettare che il materiale fornito dai dati fin dall'inizio comprende solo la cosciente, quindi ingannevole, percezione di sé da parte della persona interrogata, e che una teoria della motivazione non può essere fondata solo sulla base di domande. L'analisi fattoriale consente, tutt'al piú, di dichiarare quali classi di motivazioni si possano assumere in un determinato momento storico, a causa di una coscienza ideologica comune.

La ricerca psicoanalitica sulla percezione.

Uno dei rimproveri piú frequenti rivolti alla psicoanalisi da parte degli sperimentalisti è quello di non praticare una vera ricerca scientifica (*hard science*). In tal modo si è trascurato – piú che altro per ignoranza – il fatto che esistono campi di ricerca nella psicoanalisi nei quali si è raggiunta, con la metodica della psicologia sperimentale, una convalida delle conoscenze acquisite con i metodi squisitamente psicoanalitici. Uno di questi campi è rappresentato dalla cosiddetta ricerca sulla percezione subliminale, inaugurata da Otto Pötzl tra il 1910 e il 1920, che, a partire dagli anni Cinquanta, ricevette un forte impulso dagli psicoanalisti americani. In Germania si occupa di questo tipo di ricerca Wolfgang Leuschner, dell'Istituto Sigmund Freud di Francoforte.

L'esposizione subliminale è effettuata con l'aiuto di un tachistoscopio, col quale vengono proiettati su una parete, per frazioni di secondo, stimoli come immagini o messaggi verbali, che la persona sottoposta all'esperimento può percepire solo a livello subliminale, quindi al di sotto della soglia di coscienza. La percezione viene qui intesa non come un processo del «tutto o niente», ma come un percorso piú complesso di elaborazione dell'informazione, costituito da varie fasi, che si svolge in maniera inconscia in meno di un secondo. Ciò che alla fine viene percepito in maniera cosciente non è che una piccola parte delle sensazioni recepite dagli organi sensoriali e quindi elaborate.

Nel tracciare l'architettura del sogno, Freud era partito dal presupposto che i cosiddetti residui diurni suscitano desideri inconsci, e di conseguenza partecipano in maniera determinante alla formazione del sogno. L'analisi del sogno è orientata perciò in base alle impressioni lasciate da tali residui diurni, che il paziente è in grado di ricordare in maniera cosciente. In che modo si può provare che i residui diurni hanno contribuito effettivamente al contenuto del sogno, e non sono dovuti alla forza di suggestione del terapeuta? La ricerca sui percetti subliminali si rivela in tal senso uno strumento semplice, ma molto promettente.

Al soggetto viene mostrato del materiale illustrativo (per esempio la statua della libertà di New York) con il tachistoscopio, per 1/125 di secondo. Il giorno seguente si chiede al soggetto di ricordare i sogni della notte precedente e di eseguirne un disegno. In maniera stupefacente, nei disegni si ritrovano alcuni elementi del materiale di stimolo mostrato dal tachistoscopio, in parte come ritorno identico allo stimolo, in parte sotto forma di spostamento, condensazione e scambio di oggetti. Questo risultato consente di trarre l'evidente conclusione che gli stimoli subliminali sono stati recepiti a livello preconscio ed elaborati come informazione. Per Leuschner è certo che gli stimoli subliminali nell'elaborazione dell'informazione sono scomposti non solo in singoli oggetti, ma anche in tipiche sottoqualità (forme, concetti, suoni verbali, colori), per essere successivamente ricombinati. In tal modo, essi non devono assumere necessariamente la forma originaria dello stimolo, ma possono anche essere «riassociati» in una forma nuova. Il materiale illustrativo incomprensibile viene razionalizzato dal sognatore, per lo piú con successo.

Le ricerche sperimentali di Leuschner e dei suoi collaboratori vanno incontro alla richiesta che da sempre sollevano i fautori di un risultato empirico-positivistico di una ricerca oggettivante dei processi e dei contenuti psichici preconsci e inconsci; inoltre, confutano l'errata concezione di Karl Popper, secondo cui le ipotesi della psicoanalisi sono inverificabili in maniera intersoggettiva e per questo motivo non sono nemmeno falsificabili.

Ma è necessario sottolineare, ancora una volta, che i metodi di ricerca empirici e oggettivanti non sono di per sé superiori alla metodica di ricerca squisitamente psicoanalitica. Solo l'inclusione della soggettività, che il ricercatore positivista considera una riprovevole variabile di disturbo, ha prodotto quel patrimonio di conoscenze psicoanalitiche che oggi sono ampiamente a nostra disposizione, come sapere clinico o come riflessioni critiche sulla civiltà: tali conoscenze – come abbiamo sottolineato all'inizio – hanno influenzato profondamente il pensiero e il vissuto di molti, in questo secolo. La psicoanalisi ci ha insegnato che è possibile conoscere un altro essere umano in ogni senso solo se, come ricercatori, non ci si estrania da se stessi.

Bibliografia

1. *Dagli inizi al presente*.

Letteratura introduttiva.

Eagle, M. N., *Neuere Entwicklungen in der Psychoanalyse. Eine kritische Würdigung*, Verlag Internationale Psychoanalyse, München-Wien 1988 [trad. it. di S. Maddaloni, *La psicoanalisi contemporanea*, Laterza, Roma 1988].

Freud, S., *Vorlesungen zur Einführung in die Psychoanalyse*, in *Gesammelte Werke* (*GW*), 18 voll., S. Fischer, Frankfurt am Main 1960 sgg., XI [trad. it. di M. Tonin Dogana e E. Sagittario, *Introduzione alla psicoanalisi*, in *Opere di Sigmund Freud* (*OSF*), 12 voll., Boringhieri, Torino 1966-80, VIII].

– *Neue Folge der Vorlesungen zur Einführung in die Psychoanalyse*, in *GW*, XV [trad. it. di M. Tonin Dogana e E. Sagittario, *Introduzione alla psicoanalisi. Nuova serie di lezioni*, in OSF, XI].

Haesler, L., *Psychoanalyse. Therapeutische Methode und Wissenschaft vom Menschen*, Kohlhammer, Stuttgart 1944.

Kutter, P., *Moderne Psychoanalyse. Eine Einführung in die Psychologie unbewußter Prozesse*, Verlag Internationale Psychoanalyse, München- Wien 1989.

Mertens, W., *Psychoanalyse*, Kohlhammer, Stuttgart 1996[5].

Schmidbauer, W., *Liebeserklärung an die Psychoanalyse*, Rowohlt, Hamburg 1988.

La psicoanalisi in questo secolo.

Jacoby, R., *Die Verdrängung der Psychoanalyse oder der Triumph des Konformismus*, S. Fischer, Frankfurt am Main 1985.

Kurzweil, E., *Freud und die Freudianer*, Verlag Internationale Psychoanalyse, Stuttgart 1993.

Wyss, D., *Die tiefenpsychologischen Schulen von den Anfängen bis zur Gegenwart. Entwicklung – Probleme-Krisen*, Vandenhoeck e Ruprecht, Göttingen 1991[6] [trad. it. di U. Brehme e M. Devena, *Storia della psicologia del profondo: sviluppo, problemi, crisi*, Città Nuova, Roma 1979-80].

Biografie di Freud.

Bernfeld, S. e Cassirer-Bernfeld, S., *Bausteine der Freud-Biographik*, Suhrkamp, Frankfurt am Main 1981 [trad. it. *Per una biografia di Freud: saggi*, Bollati Boringhieri, Torino 1991, a cura di I. Grubrich-Simitis].

Gay, P., *Freud. Eine Biographie für unsere Zeit*, S. Fischer, Frankfurt am Main 1989 [trad. it. di M. Cerletti Novelletto, *Freud: una vita per i nostri tempi*, Bompiani, Milano 1988].

Jones, E., *Das Leben und Werk von Sigmund Freud*, Huber, Bern 1962, vol. III [trad. it. di A. Novelletto e M. Cerletti Novelletto, *Vita e opere di Freud*, Il Saggiatore, Milano 1995].

Schöpf, A., *Sigmund Freud*, Beck, München 1982 [trad. it. di S. Bundies, *Freud e la filosofia contemporanea*, Il Mulino, Bologna 1985].

Commenti all'opera.

Köhler, T., *Das Werk Sigmund Freuds*, Asanger, Heidelberg 1993, voll. I e II.

Il dibattito con i critici di Freud.

Köhler, T., *Abwege der Psychoanalyse-Kritik*, S. Fischer, Frankfurt am Main 1989.

Robinson, P., *Freud and his critics*, University of California Press, Berkeley 1993 [trad. it. di I. Perrotti, *Freud e i suoi critici*, Astrolabio, Roma 1995].

Valutazioni sociologiche, sociostoriche e psicostoriche della psicoanalisi.

Glaser, H., *Sigmund Freuds Zwanzigstes Jahrhundert. Seelenbilder einer Epoche. Materialen und Analyse*, Hanser, München 1976.

Kilian, H., *Psychohistory, cultural evolution, and the historical significance of self psychology*, in Goldberg, A. (a cura di), *The impact of new ideas: Progress in self psychology*, Analytic Press, Hillsdale (New Jersey) 1995, vol. XI, pp. 291-301.

Reiche, R., *Haben frühe Störungen zugenommen?*, in «Psyche», 1991, n. 45, pp. 1045-66.

Schülein, J. A., *Das Gesellschaftsbild der Freudschen Theorie*, Campus, Frankfurt am Main 1975.

Dizionari, enciclopedie.

Laplanche, J. e Pontalis, J.-B., *Das Vokabular der Psychoanalyse*, Suhrkamp, Frankfurt am Main 1972 [trad. it. *Enciclopedia della psicoanalisi*, Laterza, Roma 1968, a cura di G. Fuà].

Mertens, W., *Kompendium der Psychoanalyse*, Quintessenz, München 1992, vol. I.

– (a cura di) *Handbuch der Psychoanalyse in Schlüsselbegriffen*, Verlag Internationale Psychoanalyse, Stuttgart 1993.

Moore, B. E. e Fine, B. D. (a cura di), *Psychoanalytic terms and concepts*, American Psychoanalytic Association, New York 1990.

Nagera, H., *Psychoanalytische Grundbegriffe. Eine Einführung in Sigmund Freuds Terminologie und Theoriebildung*, S. Fischer, Frankfurt am Main 1974 [trad. it. di C. Jannelli e A. Guglielmi, *I concetti fondamentali della psicoanalisi*, Bollati Boringhieri, Torino 1978].

Sandler, J., Dare, C. e Holder, A., *Die Grundbegriffe der psychoanalytischen Therapie*, Klett-Cotta, Stuttgart 1996 [trad. it. di F. Mazzone, *Il paziente e l'analista: i fondamenti del processo psicoanalitico*, Bollati Boringhieri, Torino 1974].

II. *Correnti di pensiero della psicoanalisi*.

Teoria strutturale e teoria delle pulsioni.

Brenner, C., *Elemente des seelischen Konflikts. Theorie und Praxis der moderner Psychoanalyse*, S. Fischer, Frankfurt am Main 1986 [trad. it. di G. Noferi, *La mente in conflitto*, Psycho di G. Martinelli & C., Firenze 1985].

Cremerius, J., *Vom Handwerk des Psychoanalytikers. Das Werkzeug der psychoanalytischen Technik*, frommann-holzboog, Stuttgart 1984, voll. I e II [trad. it. di A. Cinato, *Il mestiere dell'analista*, Boringhieri, Torino 1985].

Greenson, R. R., *Technik und Praxis der Psychoanalyse*, Klett, Stuttgart 1973 [trad. it. di G. Rusconi, *Tecnica e pratica psicoanalitica*, Feltrinelli, Milano 1974].

Psicologia dell'Io.

Blanck, G. e Blanck, R., *Angewandte Ich-psychologie*, Klett, Stuttgart 1978 [trad. it di S. Stefani, *Teoria e pratica della psicologia dell'Io*, Boringhieri, Torino 1978].

Drews, S. e Brecht, K., *Psychoanalytische Ich-psychologie*, Suhrkamp, Frankfurt am Main 1975 [trad. it. di G. Bianchi, *Psicologia psicoanalitica dell'Io*, Boringhieri, Torino 1975].

Köhler, L., *Die amerikanische Psychoanalyse zwischen Ich-Psychologie und Selbstpsychologie*, in «Psyche», 1982, n. 36, pp. 343-54.

Teorie delle relazioni oggettuali.

Bacal, H. A. e Newmann, K. M., *Objektbeziehungstheorien – Brücken zur Selbstpsychologie*, frommann-holzboog, Stuttgart 1994 [trad. it. di G. Stella, *Teorie delle relazioni oggettuali e psicologia del Sé*, Bollati Boringhieri, Torino 1993].

Kernberg, O. F., *Objektbeziehungen und Praxis der Psychoanalyse*, Klett-Cotta, Stuttgart 1981 [trad. it. di S. Stefani, *Teoria della relazione oggettuale e clinica psicoanalitica*, Bollati Boringhieri, Torino 1980].

Corrente kleiniana.

Grosskurth, P., *Melanie Klein. Ihre Welt und ihr Werk*, Verlag Internationale Psychoanalyse, Stuttgart 1993 [trad. it. di D. Mazzacapa, *Melanie Klein: il suo mondo e il suo lavoro*, Bollati Boringhieri, Torino 1988].

Hinselwood, R. D., *Wörterbuch der kleinianischen Psychoanalyse*, Verlag Internationale Psychoanalyse, Stuttgart 1993 [trad. it. *Dizionario di psicoanalisi kleiniana*, a cura di F. Borgogno, Cortina, Milano 1990].

Psicoanalisi francese.

Heim, R., *Lorenzer und/oder Lacan. Das Subjekt zwischen Sinn und Buchstabe*, in «Psyche», 1980, n. 34, pp. 910-44.

Lacan, J., *Schriften*, Olten, Freiburg 1973, 1975 e 1980, voll. I, II e III [trad. it. *Scritti*, a cura di G. Contri, Einaudi, Torino 1974, voll. I e II].

Lang, H., *Die Sprache und das Unbewußte, Jacques Lacans Grundlegung der Psychoanalyse*, Suhrkamp, Frankfurt am Main 1973.

Pagel, G., *Lacan zur Einführung*, Junius, Hamburg 1989.

Psicoanalisi sociologica.

Belgrad, J., Görlich, B., König, H.-D. e Schmidt Noerr, G. (a cura di), *Zur Idee einer psychoanalytischen Sozialforschung. Dimensionen szenischen Verstehens*, S. Fischer, Frankfurt am Main 1987.

Lorenzer, A., *Die Wahrheit der psychoanalytischen Erkenntnis. Ein historisch-materialistischer Entwurf*, Suhrkamp, Frankfurt am Main 1974.

Psicologia del Sé.

Kohut, H., *Wie heilt die Psychoanalyse?*, Suhrkamp, Frankfurt am Main 1987 [trad. it. di F. Paparo e F. Forquet, *La cura psicoanalitica*, Boringhieri, Torino 1986].

Kutter, P., Paál, J., Schöttler, C., Hartmann, H.-P. e Milch, W. (a cura di), *Der therapeutische Prozeß. Psychoanalytische Teorie und Methode in der Sicht der Selbstpsychologie*, Suhrkamp, Frankfurt am Main 1995.

Psicoanalisi femminista.

Mitscherlich, M. e Rohde-Dachser, C. (a cura di), *Psychoanalytische Diskurse über die Weiblichkeit von Freud bis heute*, Verlag Internationale Psychoanalyse, Stuttgart 1996.

Rohde-Dachser, C., *Expedition in den dunklen Kontinent*, Springer, Berlin 1991.

Wright, E. (a cura di), *Feminism and psychoanalisis. A critical dictionary*, Basic Blackwell, Cambridge (Massachusetts) 1992.

Psicoanalisi interpersonale.

Gill, M. M., *Die Übertragungsanalyse. Theorie und Technik*, S. Fischer, Frankfurt am Main 1996 [trad. it. di M. Mancini,

Teoria e tecnica dell'analisi del transfert, Astrolabio, Roma 1985].

Greenberg, J. R., *Oedipus and beyond. A clinical theory*, Harvard University Press, Cambridge (Massachusetts) 1991.

– e Mitchell, S. A., *Obiect relations in psychoanalytic theory*, Harvard University Press, Cambridge (Massachusetts) 1983 [trad. it. di C. Mattioli, *Le relazioni oggettuali nella teoria psicoanalitica*, Il Mulino, Bologna 1986].

Mitchell, S. A., *Relational concepts in psychoanalysis. An integration*, Harvard University Press, Cambridge (Massachusetts) 1988 [trad. it. di S. Rivolata, *Gli orientamenti relazionali in psicoanalisi: per un mondo integrato*, Bollati Boringhieri, Torino 1993].

Confronto fra teorie.

Pine, F., *Die vier Psychologien der Psychoanalyse und ihre Bedeutungen für die Praxis*, in «Forum der Psychoanalyse», 1991, n. 6, pp. 232-49.

Rothstein, A. (a cura di), *Models of the mind. Their relationship to clinical work*, International Universities Press, Madison (Connecticut) 1985 [trad. it. di D. Mazzacapa, *Modelli della mente: tendenze attuali della psicoanalisi*, Bollati Boringhieri, Torino 1990].

Streeck, U., *Psychoanalytiker interpretieren «das Gespräch, in dem die psychoanalytische Behandlung besteht»*, in Buchholz, M. B. e Streeck, U. (a cura di), *Heilen, Forschen, Interaktion. Psychotherapie und qualitative Sozialforschung*, Westdeutscher Verlag, Opladen 1994, pp. 179-244.

Wallerstein, R. S., *Eine Psychoanalyse – oder viele?*, in «Zeitschrift für psychoanalytische Theorie und Praxis», 1989, n. 4, pp. 126-53.

III. *La scoperta dell'autoinganno.*

Körner, J., *Vom Erklären zum Verstehen in der Psychoanalyse. Untersuchungen zur psychoanalitischen Methode*, Vandenhoeck e Ruprecht, Göttingen 1985.

Pohl, S., *Wissenschaftstheoretische und methodologische Probleme der Psychoanalyse. Eine Auseinandersetzung mit Grünbaums Psychoanalysekritik*, Königshausen und Neumann, Würzburg 1991.

Strenger, C., *Between hermeneutics and science. An essay on the epistemology of psychoanalysis*, International Universities Press, Madison (Connecticut) 1991.

IV. *L'inconscio, piú attuale che mai.*

Cooper, S. H., *The empirical study of defensive processes: A review*, in Barron, J. W., Eagle, M. N. e Wolitzky, D. L. (a cura di), *Interface of psychoanalysis and psychology*, American Psychological Association, Washington D. C. 1992, pp. 327-46.

Eagle, M., *The psychoanalytic and the cognitive unconscious*, in Stern, R. (a cura di), *Theories of the unconscious and theories of the self*, Analytic Press, Hillsdale (New Jersey) 1987, pp. 155-89 [trad. it. di M. Conte, *L'inconscio psicoanalitico e l'inconscio cognitivo*, in *Inconscio e processi cognitivi*, Il Mulino, Bologna 1989, a cura di M. Conte e A. Gennaro].

Erdelyi, M., *Psychoanalysis: Freud's cognitive psychology*, Freeman, New York 1984 [trad. it . di W. Gerbino, *Freud cognitivista*, Il Mulino, Bologna 1988].

Gillet, E., *The brain and the unconscious*, in «Psychoanalysis and Contemporary Thought», 1988, n. 11, pp. 563-78.

– *The nonexperiential unconscious*, in «Psychoanalysis and Contemporary Thought», 1992, n. 15, pp. 89-96.

Herzog, P., *Conscious and unconscious. Freud's dynamic dis-tinction reconsidered*, in «Psychological Issues, Monograph», Universities Press, New York 1990, n. 58.

Kaplan-Solms, K. e Solms, M., *Psychoanalytic neuropsychology: An introduction*, International Universities Press, New York 1996.

Kurthen, M., *Zur Sprachlichkeit des Unbewußten angesichts der orthodoxen Kognitionswissenschaft*, in Tress, W. e Nagel, S. (a cura di), *Psychoanalyse und Philosophie: Eine Begegnung*, Asanger, Heidelberg 1993, pp. 110-18.

Pendleton Jones, B., *Repression: the evolution of a psychoanalytic concept from 1890's to the 1990's*, in «Journal of the American Psychoanalytic Association», 1993, n. 41, pp. 63-93.

Shevrin, H., *The Freudian unconscious and the cognitive unconscious: identical or fraternal twins?*, in Barron, J. W., Eagle, M. N. e Wolitzky, D. L. (a cura di), *Interface of Psychoanalysis and psychology*, American Psychological Association, Washington D. C. 1992, pp. 313-26.

v. *Teoria delle pulsioni e teoria della motivazione.*

Dornes, M., *Der kompetente Säugling. Die präverbale Entwicklung des Menschen*, S. Fischer, Frankfurt am Main 1991.

Galatzer-Levy, R. M. e Cohler, B. J., *The essential other. A developmental psychology of the self*, Basic Books, New York 1993.

Gedo, J. E., *Die Psychobiologie der Motivation*, in «Psyche», 1996, n. 50, pp. 385-406.

Lichtenberg, J., *Psychoanalysis and motivation*, Analytic Press, Hillsdale (New Jersey) 1989 [trad. it. di F. Ortu, *Psicoanalisi e sistemi motivazionali*, Cortina, Milano 1995].

– *Motivational-funktionale Systeme als psychische Strukturen. Eine theorie*, in «Forum der Psychoanaliyse», 1991, n. 7, pp. 85-97.

vi. *Psicologia sociale psicoanalitica e teoria della cultura.*

Bauriedl, T., *Die Wiederkehr des Verdrängten. Psychoanalyse, Politik und der Einzelne*, Piper, München 1986.

Beland, H., *Umwälzungen gebären alte Geister neu – Das verunsicherte Europa*, in «Psyche», 1993, n. 47, pp. 378-96.

Brede, K., *Wagnisse der Anpassung in Arbeitsalltag. Ich, Selbst und soziale Handlung in Fallstudien*, Westdeutscher Verlag, Opladen 1995.

Busch, H.-J., *Was heißt «Unbehagen in der Kultur» heute bzw. was kann es im Rahmen einer kritischen Politischen Psychologie heißen?*, in «Psyche», 1993, n. 47, pp. 303-24.

Eckstaedt, A., *Nationasozialismus in der «zweiten Generation». Psychoanalyse von Hörigkeitsverhältnissen nach 1945*, Suhrkamp, Frankfurt am Main 1989.

Erdheim, M., *Die gesellschaftliche Produktion von Unbewußtheit*, Suhrkamp, Frankfurt am Main 1982.

Haubl, R., *Geldpathologien und Überschuldung am Beispiel Kaufsucht. Ein von der Psychoanalyse vernachlässigtes Thema*, in *Das Unbewußte in der Kultur. Politik – Religion – Familie – Geld*, in «Psyche», 1996, numero speciale.

aa. vv., *Die Gesellschaft auf der Couch*, Psychoanalytisches Seminar Zürich, Athenäum, Frankfurt am Main 1990.

Zepf, S. (a cura di), *Die Erkundung des Irrationalen*, Vandenhoeck e Ruprecht, Göttingen 1993.

VII. *La ricerca nella psicoanalisi*.

La ricerca psicoanalitica in generale.

Fisher, S. e Greenberg, R. P., *Freud scientifically reappraised. Testing the theory and the therapy*, Wiley, Chichester 1996.
Shapiro, T. e Emde, R. N. (a cura di), *Research in psychoanalysis. Process, development, outcome*, International Universities Press, Madison 1995.

Epidemiologia psicoanalitica.

Schepank, H., *Psychogene Erkrankungen der Stadtbevölkerung: Eine epidemiologisch-tiefenpsychologische Feldstudie*, Springer, Berlin 1987.

Psicologia psicoanalitica dell'età evolutiva (ricerca sull'attaccamento).

Fonagy, P., *The significance of the development of metacognitive control over mental representations in parenting and infant development*, in «Journal of Clinical Psychoanalysis», 1996, n. 5, pp. 67-86.
– Stele, M., Moran, G. S., Steele, H. e Higgit, A., *Measuring the ghost in the nursery: An empirical study of the relation between parent's mental representations of childhood experiences and their infants' security of attachment*, in «Journal of the American Psychoanalyitic Association», 1993, n. 41, pp. 957-89.
Köhler, L., *Bindungsforschung und Bindungstheorie aus der Sicht der Psychoanalyse*, in Spangler, G. e Zimmermann, P. (a cura di), *Die Bindungstheorie. Grunlagen, Forschung und Andwendung*, Klett-Cotta, Stuttgart 1995, pp. 67-85.

Diagnostica psicoanalitica.

Equipe OPD (a cura di), *Operationalisierte Psychodynamische Diagnostik. Grundlagen und Manual*, Hans Huber, Göttingen 1996.
Rüger, U., *Zur Problematik der operationalen Diagnostik in der psychosomatischen Medizin und Psychotherapie*, in Dilling, H., Schulte-Markwort, E. e Freyberger, H. J. (a cura di), *Von der* ICD-9 *zur* ICD-10, Hans Huber, Göttingen 1994, pp. 193-200.

La ricerca nella psicoterapia.

Anstadt, T., Merten, J., Ullrich, B. e Krause, R., *Erinnern und Agieren*, in «Zeitschrift für psychosomatische Medizin und Psychoanalyse», 1996, n. 42, pp. 34-55.

Dahl, H., Kächele, H. e Thomä, H. (a cura di), *Psychoanalitic process research strategies*, Springer, Berlin 1988.

Leuzinger-Bohleber, M., *Eine hypothesengenerierende Einzelfallstudie*, in *Veränderung kognitiver Prozesse in Psychoanalysen*, vol. I, Springer, Berlin 1987.

– *Fünf aggregierte Einzelfallstudien*, in *Veränderung kognitiver Prozesse in Psychoanalysen*, vol. II, Springer, Berlin 1989.

– *Die Einzelfallstudie als psychoanalytisches Forschungsinstrument*, in «Psyche», 1995, n. 49, pp. 434-80.

La ricerca psicoanalitica sulla personalità e la motivazione.

Deneke, F.-W. e Hilgenstock, B., *Das Narzismusinventar: Handbuch*, Huber, Stuttgart 1989.

Rauchfleisch, U., *Der thematische Apperzeptionstest* (TAT), in *Diagnostik und Therapie. Eine psychoanalitische Interpretations-methode*, Enke, Stuttgart 1989.

La ricerca psicoanalitica sulla percezione.

Leuschner, W. e Hau, S., *Die Traumzeichnung des Wolfsmann im Licht experimenteller Befunde*, in «Psyche», 1995, n. 49, pp. 609-32.

– *Zur Arbeitsweise des Vorbewußten. Experimentelle Untersuchungen von Träumen einäugig Blinder*, in «Psychosozial», 1995, n. 18, pp. 35-43.

Letteratura citata.

Freud, S., *Die zukünftigen Chances der psychoanalytischen Therapie* (1910), in *GW*, VIII, pp. 104-15 [trad. it. di E. Luserna, *Le prospettive future della terapia psicoanalitica*, in *OSF*, VI, pp.197-206].

– *Erinnern, Wiederholen und Durcharbeiten* (1914), in *GW*, X, pp. 126-36 [trad. it. di C. L. Musatti, *Ricordare, ripetere e rielaborare*, in *OSF*, VII, pp. 353-61].

– *Die Widerstände gegen die Psychoanalyse* (1924a), in *GW*, XIV, pp. 99-110 [trad. it. di R. Colorni, *Le resistenze alla psicoanalisi*, in *OSF*, X, pp. 49-58].

– *Die Zukunft einer Illusion* (1927), in *GW*, XIV, pp. 325-80 [trad. it. di S. Candreva e E. A. Panaitescu, *L'avvenire di un'illusione*, in *OSF*, X, pp. 435-85].

– *Nachschrift 1935* (zur *Selbstdarstellung*, 1924b), in *GW*, XVI, pp. 31-34 [trad. it. di R. Colorni, *Poscritto del 1935* (*Autobiografia*), in *OSF*, X, pp.138-41].

Indice analitico

Stampato per conto della Casa editrice Einaudi
presso Mondadori Printing S.p.A., Stabilimento N.S.M., Cles (Trento)
nel mese di agosto 2000

C.L. 15492

Edizione								Anno			
1	2	3	4	5	6	7	8	2000	2001	2002	2003

Einaudi Tascabili

1 Omero, *Odissea*. Versione di Rosa Calzecchi Onesti. Testo a fronte (13^a ed.).

2 Levi (Primo), *Se questo è un uomo. La tregua* (26^a ed.).

3 Least Heat-Moon, *Strade blu. Un viaggio dentro l'America* (10^a ed.).

4 Morante, *Aracoeli. Romanzo* (10^a ed.).

5 Virgilio, *Eneide*. Introduzione e traduzione di Rosa Calzecchi Onesti. Testo a fronte (10^a ed.).

6 *Storia d'Italia. I caratteri originali*. A cura di Ruggiero Romano e Corrado Vivanti (2 volumi).

7 Levi (Carlo), *L'Orologio* (3^a ed.).

8 Bloch (Marc), *I re taumaturghi. Studi sul carattere sovrannaturale attribuito alla potenza dei re particolarmente in Francia e in Inghilterra* (5^a ed.).

9 Packard, *I persuasori occulti* (7^a ed.).

10 Amado, *Teresa Batista stanca di guerra* (15^a ed.).

11 Buñuel, *Sette film* (L'età dell'oro. Nazarin. Viridiana. L'angelo sterminatore. Simone del deserto. La via lattea. Il fascino discreto della borghesia) (2^a ed.).

12 *I Vangeli apocrifi*. A cura di Marcello Craveri (11^a ed.).

13 Sciascia, *Il giorno della civetta* (5^a ed.).

14 Sciascia, *Il contesto. Una parodia* (2^a ed.).

15 Sciascia, *Todo modo* (2^a ed.).

16 Fitzgerald, *Tenera è la notte* (11^a ed.).

17 Schulberg, *I disincantati*.

18 Sartre, *La nausea* (12^a ed.).

19 Bataille, *L'azzurro del cielo* (2^a ed.).

20 Musil, *I turbamenti del giovane Törless* (7^a ed.).

21 Mann, *La morte a Venezia* (8^a ed.).

22 Shirer, *Storia del Terzo Reich* (2 volumi) (5^a ed.).

23 Frank, *Diario* (13^a ed.).

24 Rigoni Stern, *Il sergente nella neve. Ritorno sul Don* (12^a ed.).

25 Fenoglio, *Una questione privata. I ventitre giorni della città di Alba* (12^a ed.).

26 Deakin, *La brutale amicizia. Mussolini, Hitler e la caduta del fascismo italiano* (2 volumi).

27 Nerval, *Le figlie del fuoco*.

28 Rimbaud, *Opere*. Testo a fr. (5^a ed.).

29 Walser, *L'assistente* (3^a ed.).

30 Vassalli, *La notte della cometa. Il romanzo di Dino Campana* (9^a ed.).

31 Svevo, *La coscienza di Zeno e «continuazioni»* (3^a ed.).

32 Pavese, *Il carcere* (3^a ed.).

33 Pavese, *Il compagno* (10^a ed.).

34 Pavese, *La casa in collina* (14^a ed.).

35 Omero, *Iliade*. Versione di Rosa Calzecchi Onesti. Testo a fronte (10^a ed.).

36 Tolstoj, *Guerra e pace* (2 volumi) (8^a ed.).

37 Codino, *Introduzione a Omero* (2^a ed.).

38 De Roberto, *I Viceré* (7^a ed.).

39 Jovine, *Signora Ava*.

40 Levi (Carlo), *Cristo si è fermato a Eboli* (12^a ed.).

41 Rea, *Gesú, fate luce*.

42 Tornabuoni, *'90 al cinema*.

43 Gino & Michele - Molinari, *Anche le formiche nel loro piccolo s'incazzano* (18^a ed.).

44 Balzac, *Splendori e miserie delle cortigiane* (2^a ed.).

45 Proust, *Contro Sainte-Beuve*.

Proust, *Alla ricerca del tempo perduto*:

46 *La strada di Swann* (2 volumi).

47 *All'ombra delle fanciulle in fiore* (3 volumi).

48 *I Guermantes* (3 volumi).

49 *Sodoma e Gomorra* (2 volumi).

50 *La prigioniera* (2 volumi).
51 *Albertine scomparsa*.
52 *Il tempo ritrovato* (2 volumi).
53 *I Vangeli* nella traduzione di Niccolò Tommaseo. A cura di Cesare Angelini.
54 *Atti degli Apostoli*. A cura di Cesare Angelini.
55 Holl, *Gesú in cattiva compagnia*.
56 Volponi, *Memoriale* (4ª ed.).
57 Levi (Primo), *La chiave a stella* (10ª ed.).
58 Volponi, *Le mosche del capitale* (2ª ed.).
59 Levi (Primo), *I sommersi e i salvati* (13ª ed.).
60 *I padri fondatori. Da Jahvè a Voltaire*.
61 Poe, *Auguste Dupin investigatore e altre storie*.
62 Soriano, *Triste, solitario y final* (9ª ed.).
63 Dürrenmatt, *Un requiem per il romanzo giallo. La promessa. La panne* (4ª ed.).
64 Biasion, *Sagapò* (3ª ed.).
65 Fenoglio, *Primavera di bellezza* (5ª ed.).
66 Rimanelli, *Tiro al piccione*.
67 Soavi, *Un banco di nebbia*.
68 Conte, *Gli Slavi* (5ª ed.).
69 Schulz, *Le botteghe color cannella*.
70 Serge, *L'Anno primo della rivoluzione russa*.
71 Ripellino, *Praga magica* (11ª ed.).
72 Vasari, *Le vite de' piú eccellenti architetti, pittori, et scultori italiani, da Cimabue insino a' tempi nostri*. A cura di Luciano Bellosi e Aldo Rossi (2 volumi) (6ª ed.).
73 Amado, *Gabriella garofano e cannella* (12ª ed.).
74 Lane, *Storia di Venezia* (8ª ed.).
75 *Tirature '91*. A cura di Vittorio Spinazzola.
76 Tornabuoni, *'91 al cinema*.
77 Ramondino-Müller, *Dadapolis*.
78 De Filippo, *Tre commedie* (2ª ed.).
79 Milano, *Storia degli ebrei in Italia* (4ª ed.).
80 Todorov, *La conquista dell'America* (10ª ed.).
81 Melville, *Billy Budd e altri racconti* (2ª ed.).
82 Yourcenar, *Care memorie* (10ª ed.).
83 Murasaki, *Storia di Genji. Il principe splendente* (2 volumi) (3ª ed.).
84 Jullian, *Oscar Wilde*;
85 Brontë, *Cime tempestose* (8ª ed.).
86 Andersen, *Fiabe* (7ª ed.).
87 Harris, *Buono da mangiare* (8ª ed.).
88 Mann, *I Buddenbrook* (8ª ed.).
89 Yourcenar, *Archivi del Nord* (7ª ed.).
90 Prescott, *La Conquista del Messico* (3ª ed.).
91 *Beowulf* (6ª ed.).
92 Stajano, *Il sovversivo. L'Italia nichilista*.
93 Vassalli, *La chimera* (14ª ed.).
94 *Le meraviglie del possibile. Antologia della fantascienza* (4ª ed.).
95 Vargas Llosa, *La guerra della fine del mondo* (4ª ed.).
96 Levi (Primo), *Se non ora, quando?* (10ª ed.).
97 Vaillant, *La civiltà azteca* (4ª ed.).
98 Amado, *Jubiabá* (6ª ed.).
99 Boccaccio, *Decameron* (2 volumi) (7ª ed.).
100 Ghirelli, *Storia di Napoli* (3ª ed.).
101 Volponi, *La strada per Roma* (3ª ed.).
102 McEwan, *Bambini nel tempo* (9ª ed.).
103 Cooper, *L'ultimo dei Mohicani* (4ª ed.).
104 Petrarca, *Canzoniere* (8ª ed.).
105 Yourcenar, *Quoi? L'Eternité* (5ª ed.).
106 Brecht, *Poesie* (5ª ed.).
107 Ben Jelloun, *Creatura di sabbia* (9ª ed.).
108 Pevsner, Fleming, Honour, *Dizionario di architettura* (8ª ed.).
109 James, *Racconti di fantasmi* (6ª ed.).
110 Grimm, *Fiabe* (8ª ed.).
111 *L'arte della cucina in Italia*. A cura di Emilio Faccioli.
112 Keller, *Enrico il Verde* (2ª ed.).
113 Maltese, *Storia dell'arte in Italia 1785-1943* (2ª ed.).
114 Ben Jelloun, *Notte fatale* (8ª ed.).
115 Fruttero-Lucentini, *Il quarto libro della fantascienza* (2ª ed.).

116 Ariosto, *Orlando furioso* (2 volumi) (8ª ed.).

117 Boff, *La teologia, la Chiesa, i poveri.*

118 Pirandello, *Sei personaggi in cerca d'autore* (4ª ed.).

119 James, *Ritratto di signora* (6ª ed.).

120 Abulafia, *Federico II* (8ª ed.).

121 Dostoevskij, *Delitto e castigo* (11ª ed.).

122 Masters, *Antologia di Spoon River* (9ª ed.).

123 Verga, *Mastro-don Gesualdo* (3ª ed.).

124 Ostrogorsky, *Storia dell'impero bizantino* (6ª ed.).

125 Beauvoir (de), *I Mandarini* (5ª ed.).

126 Yourcenar, *Come l'acqua che scorre* (8ª ed.).

127 Tasso, *Gerusalemme liberata* (6ª ed.).

128 Dostoevskij, *I fratelli Karamazov* (9ª ed.).

129 Honour, *Neoclassicismo* (3ª ed.).

130 De Felice, *Storia degli ebrei italiani* (5ª ed.).

131 Goldoni, *Memorie* (2ª ed.).

132 Stendhal, *Il rosso e il nero* (6ª ed.).

133 Runciman, *Storia delle crociate* (2 volumi) (5ª ed.).

134 Balzac (de), *La Fille aux yeux d'or* (Serie bilingue) (2ª ed.).

135 Mann, *Tonio Kröger* (Serie bilingue) (4ª ed.).

136 Joyce, *The Dead* (Serie bilingue) (2ª ed.).

137 *Poesia italiana del Novecento*. A cura di Edoardo Sanguineti (2 volumi) (4ª ed.).

138 Ellison, *Uomo invisibile.*

139 Rabelais, *Gargantua e Pantagruele* (6ª ed.).

140 Savigneau, *Marguerite Yourcenar* (2ª ed.).

141 Scholem, *Le grandi correnti della mistica ebraica* (3ª ed.).

142 Wittkower, *Arte e architettura in Italia, 1600-1750* (8ª ed.).

143 Revelli, *La guerra dei poveri* (4ª ed.).

144 Tolstoj, *Anna Karenina* (7ª ed.).

145 *Storie di fantasmi*. A cura di Fruttero e Lucentini (3ª ed.).

146 Foucault, *Sorvegliare e punire* (7ª ed.).

147 Truffaut, *Autoritratto* (2ª ed.).

148 Maupassant (de), *Racconti dell'incubo* (4ª ed.).

149 Dickens, *David Copperfield* (4ª ed.).

150 Pirandello, *Il fu Mattia Pascal* (7ª ed.).

151 Isherwood, *Mr Norris se ne va* (2ª ed.).

152 Zevi, *Saper vedere l'architettura* (3ª ed.).

153 Yourcenar, *Pellegrina e straniera* (4ª ed.).

154 Soriano, *Mai piú pene né oblio. Quartieri d'inverno* (4ª ed.).

155 Yates, *L'arte della memoria* (4ª ed.).

156 Pasolini, *Petrolio* (6ª ed.).

157 Conrad, *The Shadow-Line* (Serie bilingue) (4ª ed.).

158 Stendhal, *L'Abbesse de Castro* (Serie bilingue) (2ª ed.).

159 Monelli, *Roma 1943* (2ª ed.).

160 Mila, *Breve storia della musica* (7ª ed.).

161 Whitman, *Foglie d'erba* (7ª ed.).

162 Rigoni Stern, *Storia di Tönle. L'anno della vittoria* (9ª ed.).

163 Partner, *I Templari* (8ª ed.).

164 Kawabata, *Bellezza e tristezza* (3ª ed.).

165 Carpi, *Diario di Gusen* (2ª ed.).

166 Perodi, *Fiabe fantastiche* (2ª ed.).

167 *La scultura raccontata da Rudolf Wittkower* (3ª ed.).

168 N. Ginzburg, *Cinque romanzi brevi* (6ª ed.).

169 Leopardi, *Canti* (5ª ed.).

170 Fellini, *Fare un film* (3ª ed.).

171 Pirandello, *Novelle* (3ª ed.).

172 Publio Ovidio Nasone, *Metamorfosi* (7ª ed.).

173 *Il sogno della Camera Rossa. Romanzo cinese del secolo* XVIII (3ª ed.).

174 Dostoevskij, *I demoni* (8ª ed.).

175 Yourcenar, *Il Tempo, grande scultore* (4ª ed.).

176 Vassalli, *Marco e Mattio* (6ª ed.).

177 Barthes, *Miti d'oggi* (5ª ed.).

178 Hoffmann, *Racconti notturni* (3ª ed.).

179 Fenoglio, *Il partigiano Johnny* (8ª ed.).

180 Ishiguro, *Quel che resta del giorno* (14ª ed.).
181 Cervantes, *Don Chisciotte della Mancia* (2 voll.) (7ª ed.).
182 O'Connor, *Il cielo è dei violenti* (2ª ed.).
183 Gambetta, *La mafia siciliana*.
184 Brecht, *Leben des Galilei* (Serie bilingue) (7ª ed.).
185 Melville, *Bartleby, the Scrivener* (Serie bilingue) (3ª ed.).
186 Vercors, *Le silence de la mer* (Serie bilingue) (4ª ed.).
187 *«Una frase, un rigo appena». Racconti brevi e brevissimi.*
188 Queneau, *Zazie nel metró* (8ª ed.).
189 Tournier, *Venerdí o il limbo del Pacifico* (2ª ed.).
190 Viganò, *L'Agnese va a morire* (6ª ed.).
191 Dostoevskij, *L'idiota* (10ª ed.).
192 Shakespeare, *I capolavori*. Vol. I° (3ª ed.)
193 Shakespeare, *I capolavori*. Vol. II° (3ª ed.)
194 Allen, *Come si diventa nazisti* (3ª ed.).
195 Gramsci, *Vita attraverso le lettere* (2ª ed.).
196 Gogol', *Le anime morte* (3ª ed.).
197 Wright, *Ragazzo negro* (5ª ed.).
198 Maupassant, *Racconti del crimine* (2ª ed.).
199 *Lettere di condannati a morte della Resistenza italiana* (3ª ed.).
200 Mila, *Brahms e Wagner*.
201 Renard, *Pel di Carota* (2ª ed.).
202 Beccaria, *Dei delitti e delle pene* (2ª ed.).
203 Levi P., *Il sistema periodico* (7ª ed.).
204 Ginzburg (Natalia), *La famiglia Manzoni* (5ª ed.).
205 Paumgartner, *Mozart*.
206 Adorno, *Minima moralia* (4ª ed.).
207 Zola, *Germinale* (4ª ed.).
208 Kieślowski-Piesiewicz, *Decalogo* (2ª ed.).
209 Beauvoir (de), *Memorie d'una ragazza perbene* (6ª ed.).
210 Leopardi, *Memorie e pensieri d'amore*.
211 McEwan, *Il giardino di cemento* (8ª ed.).
212 Pavese, *Racconti* (7ª ed.).
213 Sanvitale, *Madre e figlia* (3ª ed.).
214 Jovine, *Le terre del Sacramento* (3ª ed.).
215 Ben Jelloun, *Giorno di silenzio a Tangeri* (5ª ed.).
216 Volponi, *Il pianeta irritabile*.
217 Hayes, *La ragazza della Via Flaminia*.
218 Malamud, *Il commesso* (2ª ed.).
219 Defoe, *Fortune e sfortune della famosa Moll Flanders* (2ª ed.).
220 Böll, *Foto di gruppo con signora* (4ª ed.).
221 Biamonti, *Vento largo* (2ª ed.).
222 Lovercraft, *L'orrendo richiamo*.
223 Malerba, *Storiette e Storiette tascabili*.
224 Mainardi, *Lo zoo aperto*.
225 Verne, *Il giro del mondo in ottanta giorni* (2ª ed.).
226 Mastronardi, *Il maestro di Vigevano* (2ª ed.).
227 Vargas Llosa, *La zia Julia e lo scribacchino* (4ª ed.).
228 Rousseau, *Il contratto sociale* (4ª ed.).
229 Mark Twain, *Le avventure di Tom Sawyer* (2ª ed.).
230 Jung, *Il problema dell'inconscio nella psicologia moderna*.
231 Mancinelli, *Il fantasma di Mozart e altri racconti* (3ª ed.).
232 West, *Il giorno della locusta* (2ª ed.).
233 Mark Twain, *Le avventure di Huckleberry Finn* (2ª ed.).
234 Lodoli, *I principianti* (2ª ed.).
235 Voltaire, *Il secolo di Luigi XIV*.
236 Thompson, *La civiltà Maja* (4ª ed.)
237 Tolstoj, *I quattro libri di lettura* (2ª ed.)
238 Morante, *Menzogna e sortilegio* (5ª ed.)
239 Wittkower, *Principi architettonici nell'età dell'Umanesimo* (4ª ed.).
240 Somerset Maugham, *Storie di spionaggio e di finzioni*.
241 *Fiabe africane* (2ª ed.).
242 Pasolini, *Vita attraverso le lettere*.
243 Romano, *La penombra che abbiamo attraversato* (2ª ed.).
244 Della Casa, *Galateo* (2ª ed.).
245 Byatt, *Possessione. Una storia romantica* (7ª ed.).

246 Strassburg, *Tristano*.
247 Ben Jelloun, *A occhi bassi* (5ª ed.).
248 Morante, *Lo scialle andaluso* (4ª ed.).
249 Pirandello, *Uno, nessuno e centomila* (4ª ed.).
250 Soriano, *Un'ombra ben presto sarai* (5ª ed.).
251 McEwan, *Cani neri* (7ª ed.).
252 Cerami, *Un borghese piccolo piccolo* (2ª ed.).
253 Morante, *Il mondo salvato dai ragazzini e altri poemi* (3ª ed.).
254 Fallada, *Ognuno muore solo* (2ª ed.).
255 Beauvoir (de), *L'età forte* (3ª ed.).
256 Alighieri, *Rime* (2ª ed.).
257 Macchia, *Il mito di Parigi. Saggi e motivi francesi* (2ª ed.).
258 De Filippo, *Cantata dei giorni dispari I* (2ª ed.).
259 Ben Jelloun, *L'amicizia* (7ª ed.).
260 *Lettere dei condannati a morte della Resistenza europea*.
261 Stajano, *Un eroe borghese* (3ª ed.).
262 Spinella, *Memoria della Resistenza* (2ª ed.).
263 Foscolo, *Ultime lettere di Jacopo Ortis* (4ª ed.).
264 Schliemann, *La scoperta di Troia* (3ª ed.).
265 Dostoevskij, *Umiliati e offesi* (6ª ed.).
266 Ishiguro, *Un pallido orizzonte di colline* (2ª ed.).
267 Morante, *La Storia* (8ª ed.).
268 Romano (Lalla), *Maria* (3ª ed.).
269 Levi Pisetzky, *Il costume e la moda nella società italiana*.
270 Salmon, *Il Sannio e i Sanniti* (3ª ed.).
271 Benjamin, *Angelus Novus. Saggi e frammenti* (5ª ed.).
272 Bolis, *Il mio granello di sabbia* (2ª ed.).
273 Matthiae, *Ebla. Un impero ritrovato* (2ª ed.).
274 Sanvitale, *Il figlio dell'Impero*.
275 Maupassant, *Racconti d'amore* (4ª ed.).
276 Céline, *Casse-pipe* (Serie bilingue) (2ª ed.).
277 *Racconti del sabato sera*.
278 Boiardo, *Orlando innamorato* (2 voll.)
279 Woolf, *A Room of One's Own* (Serie bilingue) (5ª ed.).
280 Hoffmann, *Il vaso d'oro*.
281 Bobbio, *Il futuro della democrazia* (2ª ed.).
282 Mancinelli, *I dodici abati di Challant. Il miracolo di santa Odilia. Gli occhi dell'imperatore* (7ª ed.).
283 Soriano, *La resa del leone* (2ª ed.).
284 De Filippo, *Cantata dei giorni dispari II*.
285 Gobetti, *La Rivoluzione Liberale* (4ª ed.).
286 Wittkower, *Palladio e il palladianesimo*.
287 Sartre, *Il muro* (5ª ed.).
288 D'Annunzio, *Versi d'amore*.
289 D'Annunzio, *Alcione*.
290 Caldwell, *La via del tabacco*.
291 Tadini, *La tempesta*.
292 Morante, *L'isola di Arturo* (7ª ed.).
293 Pirandello, *L'esclusa*.
294 Voltaire, *Dizionario filosofico* (2ª ed.).
295 Fenoglio, *Diciotto racconti*.
296 Hardy, *Tess dei d'Uberville* (3ª ed.).
297 N. Ginzburg, *Famiglia* (2ª ed.).
298 Stendhal, *La Certosa di Parma* (5ª ed.).
299 Yehoshua, *L'amante* (10ª ed.).
300 Beauvoir, *La forza delle cose* (2ª ed.).
301 Ceram, *Civiltà sepolte* (6ª ed.).
302 Loy, *Le strade di polvere* (4ª ed.).
303 Piumini, *Lo stralisco*.
304 Rigoni, *Amore di confine* (3ª ed.).
305 Rodinson, *Maometto*.
306 Biamonti, *L'angelo di Avrigue*.
307 Antonioni, *Quel bowling sul Tevere* (2ª ed.).
308 Lodi, *Il paese sbagliato. Diario di un'esperienza didattica*.
309 Machiavelli, *Il Principe* (5ª ed.).
310 Seneca, *Dialoghi morali* (2ª ed.).
311 Dickens, *Casa Desolata* (5ª ed.).
312 Saba, *Ernesto* (3ª ed.).
313 Lawrence, *Donne innamorate*.
314 Pirro, *Celluloide*.
315 Ramondino, *Althénopis*.
316 Rodari, *I cinque libri* (5ª ed.).
317 *I Nibelunghi* (3ª ed.).
318 Bobbio, *Stato, governo, società* (2ª ed.).
319 La Fontaine, *Favole*.
320 Artusi, *La scienza in cucina e l'arte di mangiar bene*.

321 Romano (Lalla), *Una giovinezza inventata* (3ª ed.).

322 De Filippo, *Cantata dei giorni dispari III*.

323 Hilberg, *La distruzione degli Ebrei d'Europa* (2 vol.)

324 Kafka, *Il processo* (Serie Scrittori tradotti da scrittori).

325 Queneau, *I fiori blu* (Serie Scrittori tradotti da scrittori) (7ª ed.).

326 Gogol', *Racconti di Pietroburgo* (Serie Scrittori tradotti da scrittori).

327 James, *Giro di vite* (Serie Scrittori tradotti da scrittori).

328 Borges, *Finzioni* (1935-1944) (Serie Scrittori tradotti da scrittori) (7ª ed.).

329 Radiguet, *Il diavolo in corpo* (Serie Scrittori tradotti da scrittori).

330 De Felice, *Mussolini il rivoluzionario 1883-1920* (2ª ed.).

331 De Felice, *Mussolini il fascista*
I. *La conquista del potere 1921-1925* (2ª ed.).

332 De Felice, *Mussolini il fascista*
II. *L'organizzazione dello stato fascista 1925-1929*.

333 Hawthorne, *La lettera scarlatta* (7ª ed.).

334 Orengo, *Dogana d'amore*.

335 Vassalli, *Il Cigno* (2ª ed.).

336 Böll, *Vai troppo spesso a Heidelberg*.

337 Maiello, *Storia del calendario*.

338 Cesare, *La guerra gallica* (2ª ed.).

339 McEwan, *Lettera a Berlino* (3ª ed.).

340 Schneider, *Le voci del mondo* (6ª ed.).

341 De Felice, *Mussolini il duce*
I. *Gli anni del consenso 1929-1936* (2ª ed.).

342 De Felice, *Mussolini il fascista*
II. *Lo Stato totalitario 1936-1940* (2ª ed.).

343 Cervantes, *La gitanilla* (Serie bilingue).

344 Dostoevskij, *Notti bianche* (Serie bilingue) (3ª ed.).

345 N. Ginzburg, *Tutti i nostri ieri* (3ª ed.).

346 Breton, *Antologia dello humor nero*.

347 Maupassant, *Una vita* (Serie Scrittori tradotti da scrittori).

348 Pessoa, *Il marinaio* (Serie Scrittori tradotti da scrittori) (5ª ed.).

349 Stevenson, *Lo strano caso del Dr. Jekyll e del Sig. Hyde* (Serie Scrittori tradotti da scrittori) (2ª ed.).

350 London, *Il richiamo della foresta* (Serie Scrittori tradotti da scrittori).

351 Burgess, *Arancia meccanica* (9ª ed.).

352 Byatt, *Angeli e insetti* (2ª ed.).

353 Wittkower, *Nati sotto Saturno* (4ª ed.).

354 Least Heat-Moon, *Prateria. Una mappa in profondità* (2ª ed.).

355 Soriano, *Artisti, pazzi e criminali* (2ª ed.).

356 Saramago, *L'anno della morte di Ricardo Reis* (6ª ed.).

357 Le Goff, *La nascita del Purgatorio* (3ª ed.).

358 Del Giudice, *Lo stadio di Wimbledon* (2ª ed.).

359 Flaubert, *Bouvard e Pécuchet* (2ª ed.).

360 Pinter, *Teatro*. Vol. I (2ª ed.).

361 *Lettere al primo amore*.

362 Yehoshua, *Il signor Mani* (7ª ed.).

363 Goethe, *Le affinità elettive* (6ª ed.).

364 Maraini, *L'età del malessere* (8ª ed.).

365 Maugham, *Racconti dei Mari del Sud* (3ª ed.).

366 McCarthy, *Cavalli selvaggi* (4ª ed.).

367 Antonelli, Delogu, De Luca, *Fuori tutti* (Stile libero).

368 Kerouac, Dylan, Ginsberg, Burroughs, Ferlinghetti e altri, *Battuti & Beati. I Beat raccontati dai Beat* (Stile libero) (2ª ed.).

369 Norman X e Monique Z, *Norman e Monique. La storia segreta di un amore nato nel cyberspazio* (Stile libero).

370 Cerami, *Consigli a un giovane scrittore* (Stile libero) (7ª ed.).

371 Puig, *Il bacio della donna ragno* (2ª ed.).

372 Purdy, *Rose e cenere*.

373 Benjamin, *Sull'hascisch* (2ª ed.).

374 Levi (Primo), *I racconti* (4ª ed.).

375 De Carlo, *Yucatan* (7ª ed.).

376 Gandhi, *Teoria e pratica della nonviolenza*.

377 Ellis, *Meno di zero* (6ª ed.).

378 Ben Jelloun, *Lo scrivano* (3ª ed.).
379 Hugo, *Notre-Dame de Paris* (5ª ed.).
380 Bardo Thödol, *Libro dei morti tibetano* (2ª ed.).
381 Mancinelli, *I tre cavalieri del Graal* (4ª ed.).
382 Roberto Benigni, *E l'alluce fu* (Stile libero) (7ª ed.).
383 Gibson, Ferret, Cadigan, Di Filippo, Sterling, Swanwick, Rucker e altri, *Cuori elettrici. Antologia essenziale del cyberpunk* (Stile libero).
384 Cortázar, *Bestiario* (2ª ed.).
385 Frame, *Un angelo alla mia tavola* (5ª ed.).
386 L. Romano, *Le parole tra noi leggere* (4ª ed.).
387 Fenoglio, *La paga del sabato* (2ª ed.).
388 Maupassant, *Racconti di vita parigina* (2ª ed.).
389 aa.vv., *Fantasmi di Terra, Aria, Fuoco e Acqua*. A cura di Malcolm Skey.
390 Queneau, *Pierrot amico mio*.
391 Magris, *Il mito absburgico* (3ª ed.).
392 Briggs, *Fiabe popolari inglesi*.
393 Bulgakov, *Il Maestro e Margherita* (6ª ed.).
394 A. Gobetti, *Diario partigiano*.
395 De Felice, *Mussolini l'alleato 1940-43*
I. *Dalla guerra «breve» alla guerra lunga*.
396 De Felice, *Mussolini l'alleato 1940-43*
II. *Crisi e agonia del regime*.
397 James, *Racconti italiani*.
398 Lane, *I mercanti di Venezia* (2ª ed.).
399 McEwan, *Primo amore, ultimi riti. Fra le lenzuola e altri racconti* (3ª ed.).
400 aa.vv., *Gioventú cannibale* (Stile libero) (6ª ed.).
401 Verga, *I Malavoglia*.
402 O'Connor, *I veri credenti* (Stile libero) (4ª ed.).
403 Mutis, La *Neve dell'Ammiraglio* (2ª ed.).
404 De Carlo, *Treno di panna* (6ª ed.).
405 Mutis, *Ilona arriva con la pioggia* (2ª ed.).
406 Rigoni Stern, *Arboreto salvatico* (3ª ed.).
407 Poe, *I racconti*. Vol. I (Serie Scrittori tradotti da scrittori).
408 Poe, *I racconti*. Vol. II (Serie Scrittori tradotti da scrittori).
409 Poe, *I racconti*. Vol. III (Serie Scrittori tradotti da scrittori).
410 Pinter, *Teatro*. Vol. II (2ª ed.).
411 Grahame, *Il vento nei salici*.
412 Ghosh, *Le linee d'ombra*.
413 Vojnovič, *Vita e straordinarie avventure del soldato Ivan Conkin*.
414 Cerami, *La lepre*.
415 Cantarella, *I monaci di Cluny* (3ª ed.).
416 Auster, *Moon Palace* (3ª ed.).
417 Antelme, *La specie umana*.
418 Yehoshua, *Cinque stagioni* (3ª ed.).
419 Mutis, *Un bel morir*.
420 Fenoglio, *La malora* (4ª ed.).
421 Gawronski, *Guida al volontariato* (Stile libero).
422 Banks, *La legge di Bone*.
423 Kafka, *Punizioni* (Serie bilingue).
424 Melville, *Benito Cereno* (Serie bilingue).
425 P. Levi, *La tregua* (8ª ed.).
426 Revelli, *Il mondo dei vinti*.
427 aa.vv., *Saggezza stellare* (Stile libero).
428 McEwan, *Cortesie per gli ospiti* (4ª ed.).
429 Grasso, *Il bastardo di Mautàna*.
430 Soriano, *Pensare con i piedi* (3ª ed.).
431 Ben Jelloun, *Le pareti della solitudine*.
432 Albertino, *Benissimo!* (Stile libero).
433 *Il libro delle preghiere* (4ª ed.).
434 Malamud, *Uomo di Kiev*.
435 Saramago, *La zattera di pietra* (4ª ed.).
436 N. Ginzburg, *La città e la casa* (2ª ed.).
437 De Carlo, *Uccelli da gabbia e da voliera* (6ª ed.).
438 Cooper, *Frisk* (Stile libero) (3ª ed.).
439 Barnes, *Una storia del mondo in 10 capitoli e ½* (2ª ed.).
440 Mo Yan, *Sorgo rosso*.
441 Catullo, *Le poesie*.
442 Rigoni Stern, *Le stagioni di Giacomo* (2ª ed.).

443 Mancinelli, *I casi del capitano Flores. Il mistero della sedia a rotelle* (2ª ed.).

444 Ammaniti, *Branchie* (Stile libero) (5ª ed.).

445 Lodoli, *Diario di un millennio che fugge.*

446 McCarthy, *Oltre il confine* (3ª ed.).

447 Gardiner, *La civiltà egizia* (2ª ed.).

448 Voltaire, *Zadig* (Serie bilingue).

449 Poe, *The Fall of the House of Usher and other Tales* (Serie bilingue).

450 Arena, Decaro, Troisi, *La smorfia* (Stile libero).

451 Rosselli, *Socialismo liberale.*

452 Byatt, *Tre storie fantastiche.*

453 Dostoevskij, *L'adolescente.*

454 Carver, *Il mestiere di scrivere* (Stile libero) (4ª ed.).

455 Ellis, *Le regole dell'attrazione* (2ª ed.).

456 Loy, *La bicicletta.*

457 Lucarelli, *Almost Blue* (Stile libero) (8ª ed.).

458 Pavese, *Il diavolo sulle colline* (2ª ed.).

459 Hume, *Dialoghi sulla religione naturale.*

460 *Le mille e una notte.* Edizione a cura di Francesco Gabrieli (4 volumi in cofanetto).

461 Arguedas, *I fiumi profondi.*

462 Queneau, *La domenica della vita.*

463 Leonzio, *Il volo magico.*

464 Pazienza, *Paz* (Stile libero) (5ª ed.).

465 Musil, *L'uomo senza qualità* (2 v.) (3ª ed.).

466 Dick, *Cronache del dopobomba* (Vertigo).

467 Royle, *Smembramenti* (Vertigo).

468 Skipp-Spector, *In fondo al tunnel* (Vertigo).

469 McDonald, *Forbici vince carta vince pietra* (Vertigo).

470 Maupassant, *Racconti di vita militare.*

471 P. Levi, *La ricerca delle radici.*

472 Davidson, *La civiltà africana.*

473 Duras, *Il pomeriggio del signor Andesmas. Alle dieci e mezzo di sera, d'estate.*

474 Vargas Llosa, *La Casa Verde.*

475 Grass, *La Ratta.*

476 Yu Hua, *Torture* (Stile libero).

477 Vinci, *Dei bambini non si sa niente* (Stile libero) (5ª ed.).

478 Bobbio, *L'età dei diritti.*

479 Cortázar, *Storie di cronopios e di famas.*

480 Revelli, *Il disperso di Marburg.*

481 Faulkner, *L'urlo e il furore.*

482 McCoy, *Un bacio e addio* (Vertigo).

483 Cerami, *Fattacci* (Stile libero).

484 Dickens, *Da leggersi all'imbrunire* (2ª ed.).

485 Auster, *L'invenzione della solitudine* (3ª ed.).

486 Nove, *Puerto Plata Market* (Stile libero) (3ª ed.).

487 Fo, *Mistero buffo* (Stile libero) (3ª ed.).

488 Höss, *Comandante ad Auschwitz* (3ª ed.).

489 Amado, *Terre del finimondo* (2ª ed.).

490 Benigni-Cerami, *La vita è bella* (Stile libero) (3ª ed.).

491 *Lunario dei giorni di quiete.* A cura di Guido Davico Bonino (4ª ed.).

492 Fo, *Manuale minimo dell'attore* (Stile libero).

493 O'Connor, *Cowboys & Indians* (Stile libero).

494 *L'agenda di Mr Bean* (Stile libero).

495 P. Levi, *L'altrui mestiere.*

496 Manchette, *Posizione di tiro* (Vertigo).

497 Rucher, *Su e giú per lo spazio* (Vertigo).

498 Vargas Llosa, *La città e i cani.*

499 Zoderer, *L'«italiana».*

500 Pavese, *Le poesie* (2ª ed.).

501 Goethe, *I dolori del giovane Werther.*

502 Yehoshua, *Un divorzio tardivo* (4ª ed.).

503 Vassalli, *Cuore di pietra.*

504 Lucarelli, *Il giorno del lupo* (Stile libero) (4ª ed.).

505 *Quel che ho da dirvi. Autoritratto delle ragazze e dei ragazzi italiani.* A cura di Caliceti e Mozzi (Stile libero).

506 Dickens, *Grandi speranze*.

507 Boncinelli, *I nostri geni*.

508 Brecht, *I capolavori* (2 volumi).

509 Mancinelli, *I casi del capitano Flores. Killer presunto*.

510 Auster, *Trilogia di New York* (5ª ed.).

511 Saramago, *Cecità* (5ª ed.).

512 Dumas, *I tre moschettieri*.

513 Borges, *Elogio dell'ombra*.

514 Womak, *Futuro zero* (Vertigo).

515 Landsale, *La notte del drive-in* (Vertigo).

516 Fo, *Marino libero! Marino è innocente* (Stile libero).

517 Rigoni Stern, *Uomini, boschi e api* (3ª ed.).

518 Acitelli, *La solitudine dell'ala destra* (Stile libero).

519 Merini, *Fiore di poesia* (3ª ed.).

520 Borges, *Manuale di zoologia fantastica*.

521 Neruda, *Confesso che ho vissuto* (2ª ed.).

522 Stein, *La civiltà tibetana* (2ª ed.).

523 Albanese, Santin, Serra, Solari, *Giú al Nord* (Stile libero).

524 Ovidio, *Versi e precetti d'amore*.

525 Amado, *Cacao* (2ª ed.).

526 Queneau, *Troppo buoni con le donne*.

527 Pisón, *Strade secondarie* (Stile libero).

528 Maupassant, *Racconti di provincia*.

529 Pavese, *La bella estate* (4ª ed.).

530 Ben Jelloun, *Lo specchio delle falene*.

531 Stancanelli, *Benzina* (Stile libero) (2ª ed.).

532 Ellin, *Specchio delle mie brame* (Vertigo).

533 Marx, *Manifesto del Partito Comunista* (3ª ed.).

534 Del Giudice, *Atlante occidentale*.

535 Soriano, *Fútbol* (4ª ed.).

536 De Beauvoir, *A conti fatti*.

537 Vargas Llosa, *Lettere a un aspirante romanziere* (Stile libero).

538 aa.vv., *Schermi dell'incubo* (Vertigo).

539 Nove, *Superwoobinda* (Stile libero) (2ª ed.).

540 Revelli, *L'anello forte*.

541 Lermontov, *L'eroe del nostro tempo* (Serie bilingue).

542 Behn, *Oroonoko* (Serie bilingue).

543 McCarthy, *Meridiano di sangue*.

544 Proust, *La strada di Swann*.

545 Vassalli, *L'oro del mondo*.

546 Defoe, *Robinson Crusoe* (2ª ed.).

547 Madieri, *Verde acqua. La radura*.

548 Amis, *Treno di notte*.

549 Magnus, *Lo sconosciuto* (Stile libero) (2ª ed.).

550 aa.vv., *Acidi scozzesi* (Stile libero).

551 Romano, *Tetto murato*.

552 Frank, *Diario*. Edizione integrale. (4ª ed.).

553 Pavese, *Tra donne sole* (2ª ed.).

554 Banks, *Il dolce domani*.

555 Roncaglia, *Il jazz e il suo mondo*.

556 Turgenev, *Padri e figli*.

557 Mollica, *Romanzetto esci dal mio petto*.

558 Metraux, *Gli Inca*.

559 *Zohar. Il libro dello splendore*.

560 Auster, *Mr Vertigo*.

561 De Felice, *Mussolini l'alleato 1943-45*.
II. *La guerra civile*.

562 Robbe-Grillet, *La gelosia*.

563 Metter, *Ritratto di un secolo*.

564 Vargas Llosa, *Conversazione nella «Catedral»*.

565 Wallace, *La ragazza con i capelli strani* (Stile libero) (3ª ed.).

566 Enzensberger, *Il mago dei numeri* (4ª ed.).

567 Roth, *Operazione Shylock*.

568 Barnes, *Amore, ecc.*

569 Zolla, *Il dio dell'ebbrezza* (Stile libero).

570 Evangelisti, *Metallo urlante* (Vertigo).

571 Manchette, *Fatale* (Vertigo).

572 De Filippo, *Cantata dei giorni pari*.

573 *Sfiga all'OK-Corral*. A cura di Stefano Bartezzaghi (Stile libero) (2ª ed.).

574 *Spettri da ridere*. A cura di Malcolm Skey.

575 Yehoshua, *Ritorno dall'India* (3ª ed.).

576 *Lunario dei giorni d'amore*. A cura di Guido Davico Bonino (2ª ed.).

577 Ricci, *Striscia la tivú* (Stile libero).

578 Ginzburg, *Le piccole virtú* (3ª ed.).

579 Hugo, *I miserabili* (2 volumi).

580 *I fioretti di san Francesco*.

581 Ovadia, *L'ebreo che ride* (Stile libero) (5ª ed.).

582 Pirro, *Soltanto un nome sui titoli di testa*.

583 Labranca, *Cialtron Hescon* (Stile libero).

584 Burton, *La morte malinconica del bambino ostrica e altre storie* (Stile libero) (3ª ed.).

585 Dickens, *Tempi difficili*.

586 *Letteratura e poesia dell'antico Egitto*. A cura di Edda Bresciani.

587 Mancinelli, *I casi del capitano Flores. Persecuzione infernale*.

588 Vinci, *In tutti i sensi come l'amore* (Stile libero) (3ª ed.).

589 Baudelaire, *I fiori del male e altre poesie* (Poesia) (2ª ed.).

590 Vacca, *Consigli a un giovane manager* (Stile libero).

591 Amado, *Sudore*.

592 Desai, *Notte e nebbia a Bombay*.

593 Fortunato, *Amore, romanzi e altre scoperte*.

594 Mattotti e Piersanti, *Stigmate* (Stile libero).

595 Keown, *Buddhismo*.

596 Solomon, *Ebraismo*.

597 Blissett, *Q* (Stile libero) (4ª ed.).

598 Solženicyn, *Una giornata di Ivan Denisovič. La casa di Matrjona. Alla stazione*.

599 Conrad, *Vittoria*.

600 Pavese, *Dialoghi con Leucò* (2ª ed.).

601 Mozzi, *Fantasmi e fughe* (Stile libero).

602 Hilberg, *La distruzione degli Ebrei d'Europa*. Nuova edizione riveduta e ampliata (2 voll.).

603 Fois, *Ferro recente*.

604 Borges-Casares, *Cronache di Bustos Domecq*.

605 Nora K. - Hösle, *Aristotele e il dinosauro. La filosofia spiegata a una ragazzina* (Stile libero) (2ª ed.).

606 Merini, *Favole Orazioni Salmi*.

607 Lane Fox, *Alessandro Magno* (2ª ed.).

608 Stuart, *Zona di guerra* (Stile libero).

609 Márquez, *Cronaca di una morte annunciata*.

610 Hemingway, *I quarantanove racconti*.

611 Dostoevskij, *Il giocatore*.

612 Zaimoglu, *Schiuma* (Stile libero).

613 DeLillo, *Rumore bianco* (2ª ed.).

614 Dick, *In terra ostile* (Vertigo).

615 Lucarelli, *Mistero blu* (Stile libero) (2ª ed.).

616 Nesse-Williams, *Perché ci ammaliamo* (Grandi Tascabili).

617 Lavie, *Il meraviglioso mondo del sonno* (Grandi Tascabili).

618 Naouri, *Le figlie e le loro madri* (Grandi Tascabili).

619 Boccadoro, *Musica Cœlestis* (Stile libero con CD).

620 Bevilacqua, *Beat & Be bop* (Stile libero con CD).

621 Hrabal, *Una solitudine troppo rumorosa* (2ª ed.).

622 McEwan, *L'amore fatale* (4ª ed.).

623 James, *Daisy Miller* (Serie bilingue).

624 Conrad, *Cuore di tenebra* (Serie bilingue).

625 Marìas, *Un cuore cosí bianco* (2ª ed.).

626 Burgess, *Trilogia malese*.

627 Saramago, *Viaggio in Portogallo* (3ª ed.).
628 Romano, *Inseparabile*.
629 Ginzburg, *Lessico famigliare* (2ª ed.).
630 Bassani, *Il giardino dei Finzi-Contini* (2ª ed.).
631 Auster, *Mr Vertigo* (3ª ed.).
632 Brautigan, *102 racconti zen* (Stile libero) (2ª ed.).
633 Goethe, *Cento poesie* (Poesia).
634 McCarthy, *Il buio fuori*.
635 Despentes, *Scopami* (Stile libero).
636 Denti, *Lasciamoli leggere*.
637 *Passione fatale*. A cura di Guido Davico Bonino (2ª ed.).
638 Roth, *Il teatro di Sabbath*.
639 Battisti, *L'orma rossa* (Vertigo).
640 Moncure March e Spiegelman, *The Wild Party* (Stile libero).
641 Šalamov, *Racconti* (2 voll.).
642 Beauvoir (de), *Una donna spezzata* (2ª ed.).
643 San Paolo, *Le lettere*.
644 Rigoni Stern, *Sentieri sotto la neve*.
645 Borges, *Evaristo Carriego*.
646 D'Arzo, *Casa d'altri e altri racconti*.
647 Grass, *Il Rombo*.
648 Raphael, *Eyes Wide Open* (Stile libero).
649 aa.vv., *Sepolto vivo*.
650 Benigni-Cerami, *La vita è bella* (Stile libero con videocassetta).
651 Odifreddi, *Il Vangelo secondo la Scienza* (5ª ed.).
652 Ruthven, *Islām*.
653 Knott, *Induismo*.
654 De Carlo, *Due di due* (3ª ed.).
655 Bunker, *Cane mangia cane* (Stile libero).
656 Olievenstein, *Nascita della vecchiaia* (Grandi Tascabili).
657 Thomas, *Ritratto dell'artista da cucciolo*.
658 Beckett, *Le poesie* (Poesia).
659 Paolini - Ponte Di Pino, *Quaderno del Vajont* (Stile libero con videocassetta) (5ª ed.).
660 Magris, *L'anello di Clarisse*.
661 Stendhal, *Armance*.
662 Albanese, *Giú al Nord* (Stile libero con videocassetta).
663 Lodoli, *Fuori dal cinema*.
664 Melville, *Clarel*.
665 Englander, *Per alleviare insopportabili impulsi* (3ª ed.).
666 Richardson, *Che cos'è l'intelligenza* (Grandi Tascabili).
667 Wieviorka, *Auschwitz spiegato a mia figlia* (3ª ed.).
668 *Lunario di fine millennio*. A cura di Guido Davico Bonino.
669 Amado, *I padroni della terra*.
670 *Poesie di Dio*. A cura di Enzo Bianchi (2ª ed.).
671 Wall, *Perché proviamo dolore* (Grandi Tascabili).
672 Le Goff, *San Luigi*.
673 *Mistica ebraica*. A cura di Giulio Busi ed Elena Loewenthal.
674 Byatt, *La Torre di Babele*.
675 *I libri della Bibbia. Esodo*.
676 *I libri della Bibbia. Vangelo secondo Luca*.
677 *I libri della Bibbia. Cantico dei Cantici*.
678 Grossman, *Vedi alla voce: amore*.
679 Lennon, *Vero amore* (Stile libero).
680 *Antologia della poesia italiana. Duecento*. Diretta da C. Segre e C. Ossola.
681 *Antologia della poesia italiana. Trecento*. Diretta da C. Segre e C. Ossola
682 Cerami-Piovani, *Canti di scena* (Stile libero con CD).
683 De Simone, *La gatta Cenerentola* (Stile libero con videocassetta) (2ª ed.).
684 Fo, *Lu Santo Jullare Françesco*. A cura di Franca Rame (Stile libero con videocassetta) (2ª ed.).
685 De André, *Parole e canzoni* (Stile libero con videocassetta).
686 Garboli, *Trenta poesie famigliari di Giovanni Pascoli*.

687 Yehoshua, *Viaggio alla fine del millennio*.

688 Fortunato, *L'arte di perdere peso*.

689 Estep, *Diario di un'idiota emotiva* (Stile libero).

690 Mollica, *Fellini. Parole e disegni* (Stile libero).

691 Gras-Rouillard-Teixidor, *L'universo fenicio*.

692 Marías, *Domani nella battaglia pensa a me*.

693 Hirigoyen, *Molestie morali* (Grandi Tascabili).

694 De Cataldo, *Teneri assassini* (Stile libero).

695 Blisset, *Totò, Peppino e la guerra psichica. Mind invaders* (Stile libero).

696 Wilde, *Il ritratto di Dorian Gray*.

697 Cantoni-Ovadia, *Ballata di fine millennio* (Stile libero con CD).

698 Desai, *In custodia*.

699 Fenoglio, *Un giorno di fuoco*.

700 Muhammad Ali, *Quando eravamo re* (Stile libero con videocassetta).

701 *Il libro di David Rubinowicz*.

702 *I libri della Bibbia. Genesi*.

703 *I libri della Bibbia. Lettera ai romani*.

704 Nori, *Bassotuba non c'è* (Stile libero).

705 Almodóvar, *Tutto su mia madre* (Stile libero).

706 Vassalli, *3012. L'anno del profeta*.

707 Svevo, *Una vita*.

708 McEwan, *Amsterdam*.

709 Lobo Antunes, *In culo al mondo*.

710 *Io, Pierre Rivière*. A cura di Michel Foucault.

711 Wallace, *Brevi interviste con uomini schifosi* (Stile libero).

712 Lussu, *Un anno sull'Altipiano* (2ª ed.).

713 Keshavjee, *Il Re, il Saggio e il Buffone*.

714 Scarpa, *Cos'è questo fracasso* (Stile libero).

715 Roth, *Lamento di Portnoy*.

716 Pavese, *Il mestiere di vivere*.

717 Maupassant, *Boule de suif* (Serie bilingue).

718 Rea, *L'ultima lezione*.

719 Pacoda, *Hip Hop italiano* (Stile libero con CD).

720 Eldredge, *La vita in bilico* (Grandi Tascabili).

721 Ragazzoni, *Buchi nella sabbia e pagine invisibili. Poesie e prose*.

722 Beccaria, *I nomi del mondo*.

723 Onofri, *Registro di classe* (Stile libero).

724 Blisset, *Q* (Stile libero). Nuova edizione.

725 Kristof, *Trilogia della città di K*.

726 Lucarelli, *Guernica* (Stile libero).

727 Manchette, *Nada* (Stile libero).

728 Coetzee, *Aspettando i barbari*.

729 Clausewitz, *Della guerra*.

730 Boncinelli, *Le forme della vita* (Grandi Tascabili).

731 Del Giudice, *Staccando l'ombra da terra*.

732 *I libri della Bibbia. Vangelo secondo Matteo*.

733 *I libri della Bibbia. Qohélet o l'Ecclesiaste*.

734 Bevilacqua, *La polvere sull'erba*.

735 Nietzsche, *Le poesie*.

736 Rigoni, *Notturno bus* (Stile libero).

737 Adinolfi, *Mondo exotico* (Stile libero).

738 De Carlo, *Macno*.

739 Landi, *Manuale per l'allevamento del piccolo consumatore* (Stile libero).

740 Fois, *Meglio morti*.

741 Angot, *L'incesto* (Stile libero).

742 Pavese, *Il mestiere di vivere*.

743 DeLillo, *Underwold*.

744 Orengo, *Spiaggia, sdraio e solleone* (Stile libero).

745 Rogers, *Sesso e cervello* (Grandi Tascabili).

746 Pavese, *La luna e i falò*.

747 Salgari, *Il corsaro nero*.

748 Maraini, *La vacanza*.

749 Thiess, *Tsushima*.

750 Mancinelli, *Attentato alla Sindone*.

751 Blady-Roversi, *Turisti per caso* (Stile libero).

752 *Antologia della poesia italiana. Quattrocento*. Diretta da Cesare Segre e Carlo Ossola.

753 Miller, *Slob* (Stile libero).

754 Gončarov, *Oblomov*.